Manuela Miebach

Christian Gottlob Neefe
bekannter sächsischer Komponist
und Lehrer Ludwig van Beethovens –
Zwischen Ruhm und Verzweiflung

Manuela Miebach

Christian Gottlob Neefe

bekannter sächsischer Komponist und Lehrer
Ludwig van Beethovens –

Zwischen Ruhm und Verzweiflung

Rediroma-Verlag

Bibliografische Information der Deutschen Nationalbibliothek:
Die Deutsche Nationalbibliothek verzeichnet diese Publikation in der Deutschen Nationalbibliografie; detaillierte bibliografische Daten sind im Internet über http://portal.dnb.de abrufbar.

ISBN 978-3-98885-139-0

Umschlaggestaltung und Layout: Manuela Miebach
Umschlagfoto: Stich von Gottlob August Liebe (1746-1819)
Nach Johann Georg Rosenberg (1739-1808)
Reproduktion Überarbeitung: Rainer Tippmann

www.rediroma-verlag.de
28,00 Euro (D)

Inhalt

Einführung:

Nach einem einjährigen Aufenthalt in Chemnitz und einer nun inzwischen wiederholten Rückkehr in die Geburtsstadt Neefes, sah ich es als eine Herausforderung, mich neben meinen jahrzehntelangen Beethovenforschungen, nun mehr dem Thema Christian Gottlob Neefes zu widmen. Jetzt wo wir 2020 den 250. Geburtstag Beethovens feiern, ist es umso dringlicher, Neefe nicht nur als Lehrer Beethovens vorzustellen, sondern in erster Linie als sächsischen Komponisten, wodurch er sich verdient gemacht, und der zu seiner Zeit immerhin sehr erfolgreich war. Bedauerlicherweise stand Neefe stets im Schatten seines großen Schülers, und obwohl er selbst nie zu den Großen gezählt hat, so ist er aber unumstritten nicht nur wegweisend für den Schüler Beethoven gewesen, sondern als eigenständiger Musiker und Komponist in dieser Biografie besonders hervorzuheben. Bereits vor Jahrzehnten befassten sich Lewy und Leux (1921) sehr intensiv mit Leben und Werk Neefes. Als Neefe Biografin verdient Irmgard Leux besonders hervorgehoben zu werden, da sie uns aufgrund ihrer jahrelangen und sehr gründlichen Recherchen ein sehr lebendiges Bild über Leben, Charakter und Schaffen Neefes dokumentiert, welches uns nicht nur einen Einblick in die Zeit, sondern über die gesamte Musikwelt verschafft. In dieser Hinsicht gehört ihre Arbeit eindeutig zu den besten Neefe - Biografien Anfang des 20.Jahrhunderts. Erwähnenswert wäre noch die Dissertation von Dr. Otto Müller die ich im Stadtarchiv Chemnitz ausheben konnte. Hier aber eher viele Inhalte von Alexander Wheelock Thayer (Band I) überliefert wurden. Eine weitere Neefe Biografie wurde (1998) von Prof. Werner Kaden veröffentlicht. Doch Vieles über Neefe liegt immer noch im Dunkeln - so wie ebenso auch seine Grabstelle in Dessau bis heute nicht gefunden wurde.

Somit bedarf es noch mehrerer Nachforschungen um mehr Licht in das Leben des Komponisten zu bringen. Vielerlei Dokumente die bis jetzt über Christian Gottlob Neefe ausgehoben wurden, geben nicht nur einen Gesamteinblick über sein vielseitiges künstlerisches Schaffen, sondern auch über die Persönlichkeit eines Mannes, der dem Schicksal trotzend sich immer kämpferisch gab um sein Ziel zu erreichen. Der Sohn eines armen Schneiders, der zeit seines Lebens unter einer schweren Hypochondrie als auch unter Depressionen litt, und trotz seines Erfolges oft im Schatten seines so berühmten Schülers gestanden ist, ist heute, obwohl Mitte des 19.Jahrhunderts immer mehr in Vergessenheit geraten, in der gesamten Musikgeschichte nicht mehr wegzudenken. Denn seine gesamten musikalischen Werke sind von ungeheuerem Wert und geradezu eine Fundgrube für Musiker und Kulturschaffende der Gegenwart. Wo es zu wünschen wäre, dass einige der Singspiele, aber auch Neefes gesamte Vokalmusik wieder einmal aufzuführen um dem Schaffen Neefes wieder mehr Bedeutung beizumessen.

Seit dem Jubiläumsjahr 1998 zu Christian Gottlob Neefes 250.Geburtstag und seinen 200.Todestag, wurde zwar zu Ehren des sächsischen Musikers und Komponisten in Chemnitz im Schloßbergmuseum eine Ausstellung gewidmet, doch außer eines sehr aufschlussreichen Ausstellungskatalogs sind keine weiteren Biografien bisher über Neefe veröffentlicht worden. Jedoch seit meines

Zuzugs nach Chemnitz beschäftigte mich die Persönlichkeit Neefe immer mehr, sodass ich nun hoffe, nach einigen weiteren mühevollen Recherchen meinen Lesern gerecht zu werden, um einen Mann zu ehren, dem Ehre gebührt! Denn Neefe wurde zu Lebzeiten von vielen hoch geachtet, und erhielt nach seinem Tod ehrende Nachrufe. Und einer, der Bedeutendes in der Musikwelt geschaffen, sollte nicht im Dunkel allen Schweigens untergehen!

Manuela Miebach

„Es ist außerordentlich schwer, vergessene Stücke
aus früherer Zeit wieder einzubürgern.
Selten sind sie durch Zufall vergessen worden..."
Heinrich Laube
(Das Wiener Stadttheater)

-

Introduktion

Beethovens Vater Johann zog eine Flasche, die er aus dem Keller heraufgeholt hatte, aus der Rocktasche, nahm sich ein Glas aus dem Wandschrank und ließ sich seufzend in einer Sofaecke nieder. Das Sofa war elend hart - verdammte Wirtschaft dachte sich Johann. Dann goss er das erste Glas auf einem Zug hinunter. Was bin ich doch für ein armer und geplagter Mensch! Sorgen nichts als Sorgen, wohin man nur blickt! Vier Kinder hat er nun zu ernähren, seit ihm seine Frau voriges Jahr wieder einen Sohn geschenkt hat; und wenn der liebe Gott die kleine Anna nicht gleich wieder zu sich genommen hätte, dann wären es jetzt fünf Bälger die er zu ernähren hätte, mit einem kläglichen Gehalt, wo man nicht einmal mehr wusste. ob man morgen überhaupt noch die Miete zahlen könne. Vier Kinder aufziehen bei dem jammervollen Gehalt ist immer noch mehr als genug, eine wahre Leistung, wo man sich schon selbst nichts mehr gönnt. Johann schaut in den über der Couch hängenden Spiegel. Prost Jean, was ist nur aus dir geworden? Und der Louis, dieser Bursche, ein Rebell ist er, und doch spielt er die Klaviersstücke recht ordentlich - aber ein Wunderkind? Die Reise nach Rotterdam hat gezeigt, dass er sich weiß Gott viel Mühe gegeben hat, aber nicht Mühe genug. So wie dieser Pfeiffer, der sich im Unterricht mit dem Bengel nur herumgeschlagen hat - Pfeiffer, den man hier mit Schimpf und Schande weggejagt hat, weil er ein aufrechter Mann ist. Der zu weit das Maul aufgerissen, den Leuten die Wahrheit ins Gesicht geschleudert hat - aber die Leute vertragen die Wahrheit nicht! Was für eine verlogene Welt! Und dann dieser Rovantini - der ist jetzt tot! Der eine hat die Flucht ergriffen und der andere das Zeitliche gesegnet. Es bleibt mir also wohl oder übel nichts anderes übrig als den Buben zu Musikdirektor Neefe zu bringen, auch wenn ich den auf den Tod nicht leiden kann. Diesen Sachsen - diesen hergelaufenen Protestanten! Der soll nun Hoforganist unseres Erzbischofs werden? - Aber vielleicht wäre dieser Kontakt später einmal von Vorteil für Louis, wenn es vielleicht mit dem Klavierwunderkind nichts werden sollte. Wenn er zumindest das Orgelspiel ordentlich beherrscht, so könnte aus ihm noch ein guter Organist werden. Und wenn der alte Kurfürst einmal stirbt, und es käme sein Nachfolger, der stockkatholische Erzherzog aus Wien, dann würde hier in Bonn vielleicht ein anderer Wind wehen, und diesen Protestanten von seiner Orgelbank herunter blasen und den Louis an seine Stelle nehmen. Was für ein glänzender Gedanke! Darauf gehört eine zweite Flasche. Auf dich mein Sohn, auf das dieser Neefe von seiner Orgelbank herunterfällt und du eines Tages mit erhobenen Hauptes seinen Platz einnehmen wirst!

So erschien denn Johann van Beethoven eines Tages bei Neefe, und bat den Herrn Musikdirektor in den schmeichelhaftesten Worten, Ludwigs weitere musikalische Ausbildung in seine bewährten Hände zu nehmen. Neefe ließ sich den bisherigen Unterrichtsgang genau schildern. „Also Herr Musikdirektor", begann Vater Beethoven zu erzählen, „Er kann eigentlich schon alles, was er für später braucht; es handelt sich nur darum, dass sie ihm sozusagen den letzten Schliff geben. Nur in der Harmonielehre ist er noch ein bisschen schwach, aber das ist meine geringste Sorge. Denn die hat er gewissermaßen mit in die Wiege bekommen, die liegt uns Beethovens im Blute. Die Musikalität - das musikalische Gehör! Ich möchte ja nicht behaupten dass der Junge ein Genie ist, aber Talent hat er genug um als tüchtiger Orgelspieler sein Geld zu verdienen. Außerdem hat er auch schon seine ersten Kompositionen geschrieben, es sind Variationen über einen Marsch. Nein, insofern mache ich mir wirklich keine Sorgen, das aus dem Bengel nichts wird! Machen sie ihn nur zu einem tüchtigen Klavier - und Orgelspieler; für alles andere wird mein Louis schon selber sorgen. Gut, Herr van Beethoven, schicken sie mir Ihren Sohn morgen früh zu mir, ich werde sehen was sich machen lässt. Besitzt er schon Philipp Emanuel Bachs „Versuch über die wahre Art, das Klavier zu spielen"? Johann hatte diesen Namen offenbar noch nie gehört und verneinte. Peinlich genug für einen Musiker - welches aber Neefe aus reinem Taktgefühl dem Unwissenden gegenüber nicht verspüren ließ. Außerdem hatte Neefe aus der Ferne bereits Ludwigs musikalische Entwicklung mit Bangen verfolgt, aber dem Vater, der ihm noch dazu auf das äußerste zuwider war, er aber umgekehrt in die Erziehung des Sohnes nicht hineinreden wollte; spürte bereits in seinem Innern, dass in dem Buben mehr als nur ein musikalisches Potential steckte. Denn was bisher für das Kind geschehen war, das war alles nur Stückwerk gewesen, und Pfeiffers Einfluss, der mit Vater Beethoven nächtelang durch die Kneipen zog, der gerade einmal das musikalische Handwerk beherrschte, war auch nicht gerade fördernd für den kleinen Louis. Doch nun sollte es anders werden, dafür wollte er sorgen, indem er sich der Fürsorge des so begabten und musikalischen Knaben annahm.

Neefe war - zu jener Zeit eine Seltenheit unter den Musikern - ein allseitig gebildeter Mann. Als Sohn eines armen Schneiders in Chemnitz geboren, hatte er sich aus eigener Kraft emporgearbeitet. In Leipzig Rechtswissenschaft und Philosophie studiert, er brach zwar seine juristische Laufbahn wieder ab um sich von nun an einzigallein der Musik zu widmen. In Johann Adam Hiller, dem Singspielkomponisten und späteren Thomaskantor, hatte er einen väterlichen Freund gefunden, der Neefe in seinem Studium, musikalischem Schaffen und Fortkommen fördernd zur Seite stand. Ihm ebenso auch zu einer ersten Anstellung als Musikdirektor bei der berühmten Seylerschen Theatertruppe verhalf. Als Opernleiter bewährte sich Neefe in Bonn so vorzüglich, und brachte überhaupt mit seinem überragenden und vielseitigen Talent einen derart frischen Zug in das Musikleben der Residenz, sodass ihn Baron Belderbusch doppelt fest an Bonn fesseln wollte, indem er ihm neben seiner Position als Kapellmeister, nach dem Tod des hochbetagten Gilles van den Eeden im Juni 1782, für die Nachfolge zum Hoforganisten bestimmte.

Es war also nicht außer Frage gestellt, das gerade dieser Mann mit seinem musikalischen Wissen und pädagogischen Fähigkeiten einen großen Einfluss auf den jungen Beethoven ausübte. Mit Philipp Emanuel Bach hatte Neefe das Richtige getroffen. Wobei er zunächst in der Hauptsache das technische Fundament für den jungen Beethoven gewählt, und dabei fast befürchtete, dass diese herbe männliche Kunst für den Knaben zu hoch sei, so bemerkte er doch bald, das er sich getäuscht hatte. In dem kleinen Louis musste etwas liegen das mit Sebastian Bachs großem Sohne seelenverwandt war, denn anders ließ es sich nicht erklären, dass sich dieses Kind mit einer wahren Leidenschaft auf diese Musik warf und sie auf eine Art vortrug, die selbst seinem Lehrer, neue musikalische Eindrücke gaben, die ihn die bisher gar nicht bemerkten musikalischen Schönheiten Bachs entdecken ließen. Philipp Emanuels Reichtum in der Modulation, worin er alle seine Zeitgenossen weit übertraf, seine dynamischen Kontraste, seine ganz einzigartige Verwendung der Pause als lebendes, steigerndes, spannendes Element, seine Vorliebe für die Dissonanz als Ausdruck des Schmerzens, seine schlichte, innige, zu Herzen gehende Melodik - alles das kannte Neefe seit langem. Aber jetzt erst erschien es ihm, durch die Interpretation des jungen Beethovens, als dringe er jetzt in alle diese Dinge ein. In Philipp Emanuels gewaltige, leidenschaftlich -durchglühte Persönlichkeit, in all das musikalische revolutionäre Gedankengut des Künstlers, welches ihm bisher verschlossen blieb, und durch den kleinen Louis dies innerlich nun neu erlebte. War dieses Revolutionäre nicht auch bereits in dem Kind zu erkennen? Dessen Leidenschaft, und durch die gesamte musikalisch geballte Kraft, hier Louis offenbar in Philipp Emanuel einen Seelenverwandten gefunden hatte. Louis, der doch selbst schon in seinen Kinderjahren soviel Leid und Elend im Elternhaus erfahren musste, konnte hier in der Interpretation des Bach'schen musikalischen Reichtums seiner verletzten und schmerzlichen Kinderseele endlich freien Lauf lassen. Neefe erkannte das tiefere Empfinden des Knaben, ließ ihm gewähren ebenso auch in der Improvisation seinen eigenen musikalischen Stil zu finden. Unterrichtete ihm, unter anderem im Generalbass, worunter man die Lehre von der Bezifferung und der Harmonie verstand, und obwohl Louis bisher wenig von der Harmonielehre verstand, so war es doch erstaunlich wie er im theoretischen Unterricht unter der strengen Anleitung Neefes außergewöhnliche Fortschritte machte. Später kamen dann der einfache Kontrapunkt, die Lehre von der Nachahmung und die Fuge an die Reihe, und nebenher ging noch der Unterricht im Orgelspiel. Neefe hatte seine wahre Freude an seinen gelehrigen Schüler, der voller Eifer und unermüdlich die nicht nur trockene Theorie zu seiner Fleißaufgabe machte, sondern sich tüchtig im Klavierspiel übte.

Auf Neefes Drängen brachte Ludwig ihm eines Tages jene erste Komposition, von der sein Vater soviel Wesen gemacht hatte. Es waren die Klaviervariationen über einen Marsch von einem gewissen Dreßler. „Ein ganz hübscher Marsch" meinte Neefe und sah sich das Thema an. „Und in welcher Tonart?" In c-moll" entgegnete Ludwig. „Eine feine Tonart". Neefe warf dem Jungen einen überraschten Blick zu. „Was willst du damit sagen Louis? Wieso soll c-moll eine feine Tonart sein?" Ludwig blickte verlegen zum Fußboden hinunter und schwieg. „Weil mir c-moll von allen Tonarten am besten gefällt" gab der Knabe kleinlaut zu. „Na dann spiel mir deine Variationen einmal vor" sagte Neefe etwas besorgt, der sich in seinem Fauteuil zurücklehnte, die Brauen kritisch in die Höhe zog, und mit einem misstrauischen, aber doch eher kritischen Blick zum Klavier hinüber sah. Nachdem Ludwig sein Spiel beendet hatte, erhob sich Neefe mit den Worten: "Nun das klingt ja alles sehr hübsch, aber was hast du dir in Wahrheit bei der Entstehung der Variationen gedacht und gefühlt?". Ludwig war kreidebleich geworden, denn in seinem Innersten spürte er, das sein sehr gestrenger Lehrer und Kritiker offensichtlich mit seinen Variationen nicht ganz einverstanden war. Er ergriff mit zitternden Händen sein Notenheft und wollte hinausgehen. „Halt hier geblieben!" rief Neefe „So jetzt setz dich mal auf den Stuhl da und hör mir gut zu! - Glaubst du denn, dass ich es nicht gut mit dir meine?" Es ist nicht dein Spiel welches ich hier bekrittele, sondern nur die Oberflächlichkeit, wie du an die Variationen herangegangen bist! Du solltest wissen, dass in dem Thema mehr drin steckt als das, was du zum Ausdruck gebracht hast. Es hat Schmiss, es hat Pathos, ja Leidenschaft sogar. Aber deine Variationen, die sind nur leeres Spielwerk. -Na, lass den Kopf nicht hängen, mein Junge! Ich habe selber eine Masse Zeug geschrieben, das auch nicht mehr wert ist; denn früh oder später wirst du drauf kommen, dass neben dem musikalischen Handwerk, das Erfühlen und Denken das Nonplusultra eines Musikstückes ist. Auch wenn du mich jetzt noch nicht verstehst – in ein paar Jahren wirst du wissen, was ich gemeint habe: Musik spricht aus, was Worte nicht aussprechen können; denn Worte sind nur ein armes, kümmerliches Werkzeug, entstanden aus den gemeinen Bedürfnissen, sich seinen Mitmenschen verständlich zu machen. Aber Musik - die wahre Musik, die ich meine - die kann dich mit einem einzigen Ton erschaudern lassen, die Menschen zu Tränen rühren. Musik hat Ausdruck, nein, hundert, tausend Ausdrucksmöglichkeiten. Wer diese innere Sprachkraft in sich erlebt und versteht, sie zu erfühlen, sie zu meistern, der ist gottbegnadet, ist mächtiger als der größte Dichter. Ach, Kind was rede ich? Du kannst das noch nicht begreifen! - Dazu braucht es neben deinem Studium auch die menschliche Erfahrung. Ich möchte dir mehr geben als nur Musikunterricht. Dieser Werdeprozess, diese Entwicklungsphase zwischen Denken, Erfühlen und Entstehung kann oft Jahre dauern. Wenn Gott dir die Macht geben sollte, in Tönen zu sprechen, so dich auszusprechen, was du im Innern deiner Seele spürst, dann ist dass das Größte, was ein Mensch haben kann!"

Ludwig hörte seinem Lehrmeister aufmerksam zu. Und doch kamen Zweifel in dem Kind auf, ob er jemals den Anforderungen gerecht werden könnte? Denn sein Vater hatte schon alle Hoffnungen in ihn gesetzt und sah ihn schon als den zweiten Mozart. Würde er es je schaffen über sich hinaus zuwachsen? Aufgrund seines eisernen Willens zeigt sich zwar ein unermüdlicher Fleiß, aber ist es Rechtens sich immer wieder aufzulehnen, in jedem seinen Feind zu sehen? Selbst in seinen Lehrer, dessen Kritik er oft nicht verträgt, wo er sich manchmal aufgrund seiner Strenge wie ein geprügelter Hund vorkommt! Neefes strenge Kritik hatte bei dem Knaben eine unerwartete Nachwirkung. Einerseits überlegte er, ob er überhaupt am weiteren Unterricht bei Neefe teilnehmen sollte, andererseits kam er immer mehr zu der Überzeugung, dass sein Lehrer doch wohl Recht hatte, denn diese Variationen waren wirklich schlecht. Er gab seinen Vater die Schuld, der an seinem ersten Entwurf herumkorrigierte, und wo ihn der alte Eeden genötigt hatte, das Ganze von Grund auf umzuarbeiten. Natürlich war es nun nichts Echtes, nicht Wahrhaftiges, nichts Herzhaftes so wie es in seiner Seele entstanden ist. Wütend zerriss Ludwig die Notenblätter, schmiss sie auf den Boden und stampfte zornig immer wieder auf die einzelnen Papierfetzen drauf. „das soll jetzt anders werden!" dachte sich der Knabe „Jetzt werde ich meine eigenen Kompositionen zu Papier bringen, und Niemand, aber auch Niemand wird mir dreinreden!" Er suchte einen anderen Kompositionsversuch heraus, den er früher, ohne dass der Vater es bemerkte, heimlich für sich niedergeschrieben hatte: Es war ein wildes, leidenschaftliches Gestammel, jeder Takt ein Faustschlag ins Gesicht der schulmäßigen Satzkunst. Es war ein so genannter Hilfeschrei nach Freiheit und Gerechtigkeit - ihm dem doch soviel Ungerechtigkeit schon als Kind widerfahren. Dieser ständig alkoholisierte Vater, der des Nachts in Begleitung von Pfeiffer, den Jungen aus dem Schlaf gerissen und ihn ans Klavier prügelte. Die arme Mutter, die sich ängstlich in engster Umarmung mit den Kindern hinterm Sofa verstecken musste, um von diesem widerlichen Vater nicht geschlagen zu werden, all dies soll dieser Neefe zu spüren bekommen! All die geballte Kraft, all die Widerwärtigkeiten die ich zu erdulden habe. Fühlen, Denken, Erleben, pah! „Warts nur ab lieber Neefe - Warts nur ab! Ich werde dir beweisen, was in mir steckt!" So schnell lässt sich ein Beethoven nicht unterkriegen.

Strahlend, mit den Noten unterm Arm, ging der junge Ludwig am nächsten Tag zu Neefe, in sicherer Erwartung, diesmal ein Lob zu ernten. Er eilte mit gehobenem Hauptes an Neefe vorbei, setzte sich an das Klavier und schlug mit geballter Kraft die ersten Töne an. Schon nach den ersten Takten fuhr Neefe entsetzt zusammen; ihm war, als würde die Welt untergehen. Entsetzliche, nie erlebte Disharmonien - keine bestimmte Tonart, ein wildes Durcheinander zweier mehrerer Stimmen,ein musikalisches Donnerwetter, ein wahres überschäumendes Furioso welches bis auf die Straße zu hören war! Aber dann wie über himmlische Sphären schwebend in harmonische Töne eingebettet, erklang ein leises Adagio, das dem so gestrengen Lehrer zu Tränen rührte. Ludwig hatte sein Höllenkonzert beendet und sah seinen Lehrer erwartungsvoll an. Ein langes Schweigen folgte. „Nee so was!" sagte Neefe endlich. Mehr brachte er vorläufig in seiner Sprachlosigkeit nicht heraus. „Dabei habe ich etwas erlebt! sagte Ludwig von oben herab - nun zufrieden?" Neefe konnte noch immer nichts sagen. Denn des Jungen musikalische Überzeugungskraft wurde ihm plötzlich ganz unheimlich. Zu was hatte er ihn nur gebracht? Welche Verwirrung hatte er in Ludwigs Kopf nur angerichtet? Das dieser in diesem Musikstück seine ganzen Aggressionen, aber auch Sentimentalitäten auslebte, als habe das letzte Stündlein für ihn geschlagen. Er fasste sich ein Herz „Nun Louis schön ist es nicht - und doch hat das Adagio am Schluss mich doch wirklich zu Tränen gerührt. Ich will damit sagen, es ist noch lange nicht vollkommen, aber du hast es diesmal wirklich erfühlt. Und trotzdem solltest du nicht so einfach drauflos schreiben. Denn nur gräuliches Zeug schreiben, weil man in gräulicher Stimmung ist, so sollte man doch möglichst sich über die Regeln der Komposition nicht einfach hinwegsetzen". Neefe bemerkte wie in dem Jungen der Zorn in die Augen stieß: „Also hat es ihnen wieder nicht gefallen?" antwortete Ludwig trotzig. „Regeln, Regeln wer hat denn die Regeln aufgestellt? Die stehen doch nur in den Lehrbüchern"! widersprach er Neefe, der diesen aufmüpfigen Jungen wieder zu beruhigen versuchte „Ich will ja nicht damit sagen, dass deine Komposition schlecht ist, aber du musst nun einmal die Regeln, sagen wir doch besser das musikalische Gesetz, befolgen - denn aus Kunstwerken sind sie! Aus ihnen hat man abgelesen, im Laufe der Zeit, was den Tonsetzern möglich ist, und diesem Gesetz darfst du dich auch ruhig unterwerfen. Sie besagen schließlich: dies fordert die Natur der menschlichen Seele; so sprechen unsere Empfindungen sich richtig aus; und man hat sie ausdrücklich, eben das Gesetz, aufgestellt, damit nicht jeder Schaffende von vorn anfangen muss. Wenn er aber Genie hat, so kann er das trotzdem in jedem Takt beweisen! In der Neuheit seiner musikalischen Einfälle, in der Art, wie er sie zusammenordnet, wie er seine Melodien vorträgt und harmonisiert, in dem ganzen Aufbau des musikalischen Gebildes. Das sollte den Hörer ansprechen und nicht ein musikalisches Durcheinander. Man kann durchaus ein Genie sein und hält sich doch gewissenhaft an erprobte Gesetze. Als Beweis will ich dir heute etwas zeigen dass dich durch dein ganzes Leben begleiten wird!" Neefe holte mit einer gewissen Feierlichkeit einen Band Noten aus der Glasvitrine und legte sie auf den großen runden Tisch der neben dem Klavier stand. Die Noten stammen von dem Vater unseres alten Freunds Philipp Emanuel Bach „Das wohltemperierte Klavier - von Sebastian Bach! Ein wahres Meisterwerk - die ideale Grundlage für jeden Schüler! Es gibt Leute in Leipzig, die halten ihn für noch größer als seinen Sohn" sagte Neefe mit einem gewissen Stolz. „Diese Sammlung von Präludien und Fugen möchte ich wirklich als das Nonplusultra nennen. Wenn du diese Werke einmal in seinem Gesamten erfasst und perfekt zu spielen beherrscht, dann mein lieber Louis, werden dir Tür und Tor offen stehen, und du wirst dich in allen musikalischen Belangen als tüchtiger Kerl erweisen". Ludwig saß unbeweglich auf seinen Stuhl, und doch schäumte er innerlich noch immer in seiner Wut. Dann griff er rasch nach seiner Komposition und riss das Heft mittendurch. Neefe brach in Lachen aus, - „aber, aber wer wird denn immer gleich seine eigenen Werke zerstören wollen? So schlecht sind sie doch gar nicht! Du musst versuchen deine Gefühle im Zaum zu halten, weil sonst du dich wahrlich schwer tun wirst in deinem späteren Leben. „Papperlapapp" sagte Ludwig und hörte des Lehrmeisters Worte nicht mehr, indem er sich bereits begann an das Klavier zu setzen um das erste Präludium von Bach zu spielen. Majestätisch erklangen die harfenartig, gebrochenen Akkorde, rein und abgeklärt verklang der erste Satz. Ohne eine Verschnaufpause setzte Ludwig sein Spiel fort, indem er mit der Fuge begann. Hier plötzlich in einer anderen Gedankenwelt versetzt, in eine Art Euphorie verfiel, welches alles um ihn herum vergessen ließ. Ludwig spielte ein Stück nach dem andern, schien von Bachs Werke derart besessen, dachte weder an Mutter und Vater, an den ständig nörgelnden Neefe, und schien wie traumatisiert über den Wolken schwebend, als sei er mit Bach seelenverwandt und habe ihn immer schon gespielt. Bis ihn die Dämmerung zum Aufhören zwang und er wie ferngesteuert den Raum verließ, ohne Neefe nur eines Blickes zu würdigen. Neefe sah den Jungen noch durch das Fenster eine Weile nach, wie er gedankenverloren, beinahe etwas taumelnd die Straße entlanglief, und griff sich verlegen an den Kopf. Wahrlich war Neefe von dem überwältigenden Spiel des Jungen begeistert, wo dieser von dem Urquell der deutschen Musik offensichtlich sehr bewegt, und es schien, das er endlich des Meisters Lehre verstanden, und in Bachs musikalischer Welt einen neuen musikalischen Seelenbruder gefunden hatte. Und doch hielt es Neefe für seine Pflicht, sich des Lobes und der Kritik zu enthalten, um den Jungen nicht irgendwelchen Flausen in den

Kopf zu setzen. Die nächsten Monate standen ganz im Zeichen des Wohltemperierten Klaviers, und Ludwig ruhte nicht, bis er das ganze Werk technisch perfekt beherrschte.

Als Neefe glaubte, mit Sebastian und Philipp Emanuel Bach bei seinem Schüler einen festen Grund gelegt zu haben, begann er, ihn auch in die zeitgenössische Klaviermusik einzuführen. Er machte Ludwig mit Christian Bach vertraut. Der jüngste, aber nicht der schlechteste Spross dieser merkwürdigen und genialen Familie. „Den Vater und den Philipp Emanuel bewundere ich zwar am meisten; aber Christian ist kompositorisch so ganz aus der Art geschlagen, aber trotzdem liebe ich ihn! Seine Musik ist eher träumerisch, schwärmerisch und verspielt - vornehm und nie trivial - oft frauenhaft zart! Und doch solltest du auch ihn versuchen zu verstehen. Diese verschiedenen Charaktere, diese sehr unterschiedlichen Musikrichtungen - spiel ihn und erfreu dich daran!" Neefe drückte dem Knaben die Noten in die Hand und befreite ihn diesmal aufgrund einer Erkältung von dem Unterricht. Ludwig nahm all dies Neue auf, setzte sich ebenso auch mit dem eleganten Meister der Unterhaltungsmusik Sterkel auseinander, beschäftigte sich mit der Orchestermusik des genialen Johann Stamitz, des Begründers der Mannheimer Schule, den Neefe schon in seiner Leipziger Zeit kennen gelernt hatte. Und doch, wenn Ludwig sich ans Klavier setzte, um wieder einen Satz aus dem Wohltemperierten Klavier zu spielen, so versank doch alles andere ins Nichts. Denn Sebastian Bach war ihm vorläufig noch das A und O der Klaviermusik. Das Gestirn Mozart war ihm zwar noch nicht aufgegangen, aber auch hier fand es Neefe an der Zeit, dass sein Schüler nun auch anfangen sollte, sich mit den Werken Mozarts vertraut zu machen. Er nahm den Knaben in die Hofkonzerte mit, die von Mattioli trefflich geleitet wurden, erklärte ihn die Zusammensetzung des Orchesters, wies ihn auf den Klang der einzelnen Orchesterstimmen hin sowie auf die Wirkung, die ein jeder durch den Klangcharakter oder durch seine Verbindung mit anderen auszuüben vermag, und vermittelte dem Jungen somit schon einmal die Grundgesetze der einzelnen Instrumente, wie sie hier im Zusammenspiel in eine musikalisch harmonische Einheit letztendlich ineinander verschmelzen. Alles Neue nahm der Knabe wissbegierig in sich auf, alles Erlebte gab ihm neue Inspirationsquellen, um sich selbst eigener Komposition zu befleißigen. Musikalisch öffneten sich für den jungen Ludwig total neue Welten die er vonseiten des Vaters nie gekannt, und wo er von nun an auch mehr Zeit mit Neefe als mit den Eltern verbrachte. Zwischen Freude und Schmerz, Bangen und Hoffen, Jubel und Verzweiflung entstand zwischen Neefe und Beethoven eine so genannte Hassliebe. Denn manchmal verfluchte der junge Ludwig seinen Meister, den ständig Nörgelnden, er der nur selten eines Lobes und ständig Kritik übte. Doch der väterliche Freund und Lehrer konnte aber ebenso auch gütig und sehr fürsorglich dem Jungen gegenüber sein. Neefe sah in Ludwig den verlorenen Sohn, nahm sich des Kindes an, nachdem er seinen eigenen leiblichen Sohn am 11. September 1781 in Kassel verloren hatte. Obwohl als Autoritätsperson im strengen Sinne, so trug er doch Sorge um das Fortkommen des kleinen Genies, vielleicht sogar, um in gewisser Weise die Stelle des trunksüchtigen Vaters einzunehmen, aber auch seinen Schüler den rechten Weg zu weisen. Ludwig hatte Neefe viel zu verdanken, der ihn umgekehrt auch in die Literatur und Philosophie einwies. So fand er ebenso auch eine Inspirationsquelle in Gellerts Gedicht „Die Ehre Gottes in der Natur" welches er versprach eines Tages zu vertonen. Besonders eingeprägt hatte er sich den Leitsatz von Gellert: „Bemühe dich, eine deutliche, gründliche und vollständige Erkenntnis deiner Pflichten zu erlangen!" Dieser Leitsatz war für Ludwig wie das tägliche Vaterunser, und er sah seine Hauptpflicht darin, unermüdlich zu lernen und Verantwortung für sich aber auch für andere zu übernehmen.

Eines Tages blätterte Ludwig bei Neefe in einer musikalischen Zeitschrift. „Da steht etwas über Sie, Herr Neefe!" rief er aufgeregt. Nachdem er aber die Zeilen gelesen hatte, stieß eine vermeintlich, unübersehbare Röte in sein Gesicht. „Was ist los?" fragte Neefe etwas ungeduldig „Nun lies doch mal vor!" Ludwig versuchte die Zeitung hinter seinem Rücken zu verstecken. „Ach es ist nichts" stotterte er - ich habe mich nur verlesen!" Neefe nahm ihm neugierig das Heft aus der Hand, er begann zu lesen, und man sah eine gewisse Entrüstung in seinen Augen. Denn es war da von einigen kuriosen Menuetten die Rede, die einer recht gehässigen Kritik unterzogen wurden. „So eine Gemeinheit!" rief Neefe zornig „Diese Schmierfinken! - die haben ja gar keine Ahnung!" brüllte er wütend. Mit zitternden Händen blätterte er weiter in dem Heft. „Jetzt soll mich aber der Schlag treffen!" rief er plötzlich mit einer schon freundlicheren Mine „Da steht auch etwas über dich geschrieben - lass es mich dir vorlesen!" - „Louis van Beethoven, Sohn des Tenoristen, ein Knabe von elf Jahren und von viel versprechenden Talent. Er spielt sehr fertig und mit Kraft das Klavier, liest sehr gut vom Blatt, und, um alles in einem zusagen: er spielt größtenteils das Wohltemperierte Klavier von Sebastian Bach, welches ihm Herrn Neefe unter die Hände gegeben. Wer diese Sammlung von Präludien und Fugen durch alle Töne kennt, wird wissen, was das bedeutet. Herr Neefe hat ihm auch, sofern es seine übrigen Geschäfte erlaubten, einige Anleitungen zum Generalbass gegeben. Jetzt übt er ihn in der Komposition, und zu seiner Ermunterung hat er neun Variationen von ihm fürs Klavier über einen Marsch in Mannheim stechen lassen. Dieses junge Genie verdiente Unterstützung, dass er reisen könnte. Er würde gewiss ein zweiter Wolfgang Amadeus Mozart werden, wenn er so fortschritte, wie er angefangen!" Dass diese so lobenswerte Kritik vom 2. März 1783 in Cramers „Magazin" von Neefe selbst verfasst wurde, verschwieg er. Nicht unwesentlich ist, dass Carl Friedrich Cramer in Leipzig Beziehungen zu Hiller und Neefe hatte, und Neefe selbst demnach die persönlichen Kontakte nutzte, um seinen

Schüler der musikalischen Welt vorzustellen, um ihm auch weiterführende Wege zu eröffnen. Nichts ahnend über die Handlungsweise seines Proteges, so war Ludwig doch fassungslos - seine erste lobenswerte Kritik über sich zu lesen. Ebenso über sein erstes eigenes gestochenes Notenheft welches Neefe nun mit Stolz aus der Glasvitrine holte. In seinem blühenden Sächsisch las er dem Knaben die Titelseite in Französisch vor: „Variations pour le Clavecin sur une Marche de Mr. Dressler, composées et dédiés á Son Excellence Madame la Comtesse de Wolf – Metternich, née Baronne d' Assebourg, par un jeune amateur Louis van Beethoven, agé de 10 ans." Wie schön waren seine Noten, seine eigenen Noten gestochen, schön sauber gestochen, prangten sie auf dem weißen Papier. Selig blickte er Neefe an und fiel ihm um den Hals. Neefe schob den jungen Ludwig sanft zur Seite: „das du mir aber jetzt nicht übermütig wirst - denn wie du siehst ohne Fleiß kein Preis!" Er setzte sich entspannt in seinen Fauteuil, zündete sich seine Pfeife an, und blies genüsslich die blauen Wolken in die Luft. Er hörte noch das Lachen des Knaben, der immer wieder rief: „Ein zweiter Mozart! Ich ein zweiter Mozart!" Wenn das dem Vater nicht irgendwann zu Kopf steigt!" und er verschwand hinter der Türe. Neefes Frau trat ein und setzte sich zu ihm. Sie vernahm das schwere Seufzen ihres Mannes, der bereits im Tabakqualm eingehüllt. „Nun was sagst du Mann - glaubst du nun auch inzwischen an das Talent deines so fleißigen und begabten Schülers?" - „Nun geglaubt habe ich immer an ihn - doch ich wollte es zwar zunächst nicht wahrhaben - aber der macht sicherlich seinen Weg!" Neefe starrte für einige Minuten gedankenverloren auf den Holzfußboden und sah dann seiner Frau mit einer gewissen Traurigkeit in die Augen: „Ja, so ist die Geschichte. Man schindet sich ab, bringt es auch zu was, und in hundert Jahren wird es heißen: Neefe? Neefe? - Ach so, ja, der Lehrer von Beethoven." Seine Frau wollte ihm widersprechen aber Neefe wehrte ab. - „Lass es gut sein Suse, ich weiß wovon ich spreche - ich weiß es einfach - denn genauso wird es kommen!"

-

Christian Gottlob Neefe war unumstritten einer der wegweisenden, aber auch strengsten, und Kritik übenden Lehrer Beethovens, dem dieser aber sehr viel zu verdanken, und durch den er erst das musikalische Handwerk richtig erlernt hatte. Beethoven somit selbst des Lobes schrieb: Werde ich einst ein großer Mann, so haben auch Sie Teil daran." Mit diesen Worten bedankte sich Ludwig van Beethoven des Jahres 1793 bei Christian Gottlob Neefe für den „guten Rat" den Sie mir sehr oft bei dem Weiterkommen in meiner göttlichen Kunst erteilten". Dieser Schriftsatz, den Neefe höchstwahrscheinlich in Bonn empfing, wurde erstmals am 26.Oktober 1793 in der „Berliner Musikalischen Zeitung" veröffentlicht. Obwohl Beethoven später die Äußerung machte, von Hoforganist van den Eeden mehr profitiert zu haben als von Neefe. Beethoven lebte zu dieser Zeit bereits in Wien, und ließ sich, obgleich nicht mit dem erwartenden Erfolg, durch Joseph Haydn unterrichten. Erst bei Johann Georg Albrechtsberger, der Ludwig in Theorie und Kontrapunkt unterwies, schien zwischen Schüler und Lehrer ein gutes Einvernehmen bestanden zuhaben.

-

Doch wer war eigentlich dieser Christian Gottlob Neefe, dessen Persönlichkeit, sein Wirken und sein Schaffen, biografisch gesehen, der aufgrund seines so berühmten Schülers, doch eher im Schatten stand? Vergessen wir nicht, das Neefe nicht nur ein ausgezeichneter Theoretiker, Pädagoge, Philosoph und Menschenkenner war, sondern zu den meistbeschäftigten Musikern und Komponisten seines Landes zählte. Sein kompositorisches Schaffen umfasst zahlreiche Bühnenwerke, Vokalmusik, Instrumentalmusik, und viele Klavier - und Singstücke. Durch Johann Adam Hiller war Neefe in die Theaterwelt eingetreten. Durch ihn inspiriert, komponierte er nicht nur für Hillers Singspiele mehrere Musikstücke, sondern schrieb unermüdlich eigene Singspiele wie „Die Apotheke", „Amors Guckkasten", „Heinrich und Lyda", „Die Einsprüche", "Zemire und Azor" um nur einige zu nennen. Er war geradezu ein Fanatiker der Arbeit; ein so genanntes Arbeitstier, der zu großen, ja übermenschlichen Leistungen fähig war. Sein Fleiß, Ehrgeiz, die Pflichterfüllung, Korrektheit und Verlässlichkeit waren die deutschen Tugenden, ebenso wie seine Ehrlichkeit, und die Verantwortung nicht nur sich selbst, sondern auch seinen Mitmenschen, Freunden und seiner Familie gegenüber. Und trotz seines ungeheueren Arbeitseifers und seiner überdurchschnittlichen vielseitigen Talente, so schien ihm doch das Glück auf der einen Seite vergönnt, doch umgekehrt hatte Neefe einen harten Lebenskampf zu führen. Leiden und Freuden prägten sein Leben, dazu kamen seine Hypochondrie, Stimmungsschwankungen, seine immer wieder im Laufe des Lebens auftretenden Depressionen und die Todessehnsucht die er zeitlebens in sich trug. Viele Erkrankungen Neefes, die schon im Kindes - und Jugendalter immer wieder seinen Körper schwächten, waren in erster Linie psychosomatisch bedingt, und sind doch letztendlich auch auf seine schwere Kindheit zurückzuführen. Und doch ward ihm die Musikalität offenbar in die Wiege gelegt worden, er der Sohn eines armen Schneiders, der diese in sich von Gott gegebenen Talente in sich trug. In der Ahnentafel weist nichts daraufhin dass irgendwelche Vorfahren Musiker waren. Vergleichsweise zu seinem berühmten Schüler Ludwig van Beethoven, kam auch Neefe aus einer einfachen Handwerkergeneration, und es klingt geradezu paradox, das Neefes Kindheit, die ebenso von Armut geprägt, er hier neben seinen fünf Geschwistern, wohl der Einzige war, der sich zur Musik und Wissenschaften hingezogen fühlte. Doch woher kamen diese Interessen, die sich eigentlich erst nach dem Verlassen des Elternhauses entwickelten? Spürte er vielleicht schon als Junge instinktiv dass er zu Höherem geboren war - oder war es einfach nur Schicksal, dass es in seinem jungen Leben so eine einschneidende Wende gab? Oder wollte er nur mit eiserner Durchsetzungskraft es seinem Elternhaus und der Welt beweisen, dass er über alle Grenzen hinaus fähig dazu war, wirklich Großes zu leisten?

Es war nicht leicht für den Vater Johann Gottlieb Neefe fünf hungrige Mäuler zu stopfen, und wäre nicht ihr erstes Kind Christian Gottlieb, wenige Wochen vor der Geburt unseres Musikers und Komponisten Christian Gottlob (5.Februar 1748) am 24.April 1748 verstorben, und wären weitere Kinder nach der Geburt von Christian Gottlob am Leben geblieben, so wären die Neefes eine Großfamilie von zehn Kindern gewesen. Und man möge fast glauben, dass Gott hier seine Hand im Spiel hatte, denn alle Schwestern und Brüder von unserem Christian Gottlob verstarben in einem Zeitraum zwischen ein und zwei Jahre, wobei der Bruder Carl Gottlieb (3.8.1754 - 17.9.1761) hier eindeutig noch am längsten gelebt hat. Woran die Kinder starben ist nicht nachgewiesen. Obwohl die Geburtensterblichkeit im damaligen Jahrhundert, insbesondere bei den armen Familien, nichts außergewöhnliches, aber doch prägend für die zurückgelassenen Geschwister waren. So müssen diese familiären Schicksalsschläge bereits auch bei unserem Christian Gottlob tiefe Wunden hinterlassen haben, wo er als zurückgebliebenes Kind offensichtlich traumatisiert, und aufgrund der Erlebnisse sich nur schwer im Leben zurechtfand. Somit erklärt sich vielleicht auch seine Todessehnsucht und seine zeitweiligen Depressionen, wo er ebenso wie Beethoven dem Alltäglichen oft ratlos gegenüberstand. Musik war sein Reich, wo er alle seine Leiden und Leidenschaften zum Ausdruck bringen konnte. Worin er Trost allein darin fand, alles Herbe und Schwere, allen Ballast des Lebens über Bord zu werfen. Aus dem Albtraum der unglückseligen Kindheit wollte er erwachen - aber alles dies konnte erst dann geschehen, wenn er sich von allem loslöste, von den Zwängen seines Elternhauses, die seine Wiege umschlangen, und von allen Vorschriften die ihn vonseiten seines so gestrengen Vaters auferlegt wurden. Von einem düsteren Geistes - und Charaktererbes von Anbeginn überschattet, wollte er sich befreien, nach anderen menschlichen Vorbildern suchen, die ihm besser gesonnen und ihn vielleicht auch verstanden, was er im innern seines Herzens fühlte. Er der Widerspenstige, der Unbeugsame, der sich gegen den Vater und seine Lehrer auflehnte, ihnen oft Verdruss bereitend, wusste bereits, dass in diesem kleinbürgerlichen Chemnitz er wohl kaum seine wahre Erfüllung finden werde.

-

Chemnitz die Stadt in die unser Wunderkind hineingeboren wurde, war immer eine Stadt des Handwerks. Hauptsächlich Baumwollweberei und Kattundruckerei bewirkten nach dem 30.jährigen Krieg wieder einen raschen wirtschaftlichen Aufstieg der Stadt. Aber bereits während des 7.jährigen Krieges belasteten Besetzungen und Kontributionen (Kriegssteuern) erneut das städtische Leben, zerstörten im erheblichen

Maße die Wirtschaft, wo Armut und Not herrschte unter der gesamten Bevölkerung. Dennoch erholte sich diese Stadt nach 1763 von den Kriegswirren und Wirtschaftskrisen relativ schnell, sodass die Wirtschaft von neuem erblühte, und sich in dem Zeitraum von 1700 - 1810 bis zu 11000 Bürger - und Bürgerinnen angesiedelt hatten. In dieser Handelsstadt Chemnitz die durch Jahrhunderte mehr oder weniger immer nur reine Industriestadt war bzw. immer noch ist, stellt sich doch unwillkürlich die Frage, wie ist unser Christian Gottlob Neefe überhaupt zur Musik gekommen? Im Vergleich zu anderen sächsischen Städten wie Zwickau, Leipzig und Dresden gab es hier doch kaum irgendwelche erwähnenswerte Lehrer und Ausbildungsstätten im musikalischen Bereich, wo man zumindest auf eine fundierte musikalische Ausbildung hätte setzen können. Doch Chemnitz unterhielt ein Lyceum, das seit 1589 von dem Chronisten Albinus zu den „bedeutendsten" des Landes Sachsen gehörte, wo mit drakonischen Maßnahmen widerspenstige Schüler erzogen wurden. Christian Gottlob Neefe, somit der häuslichen Not gehorchend, trat im Mai 1760 in dieses Lyceum ein, wo er offensichtlich zum ersten Mal mit der Musik, Literatur und anderen Wissenschaften in Berührung kam. „Ich fasste die vorgetragenen Lehren ziemlich schnell und arbeitete mit großer Leichtigkeit" schrieb er später in seiner Autobiografie und gestand darin zugleich, dass er seinen Lehrern des Öfteren durch „Mutwillen" Verdruss bereitete. Neefe berichtete des Weiteren, ihm habe „eine ungemein gute Diskantstimme" den „Weg in das große Singechor" des Lyceums ermöglicht. Wo er nun fortan, um die armen Eltern finanziell zu entlasten, durch die Einnahmen auf Hochzeiten - und Begräbnissen selbst das Schulgeld bezahlen konnte. Doch ebenso bedeutsam war aber, dass Neefe hier den Anfang zur Erlernung der Singkunst gefunden hatte. Und möge zwar sein Lehrer, der biedere Kantor Reinhard Friedrich Hoffmann, der den jungen begabten Schüler recht und schlecht unterrichtete, Neefe zumindest zum Singen ermutigt haben. Es waren also die ersten musikalischen Schritte, auch wenn zunächst erst mit der Gesangsstimme, die den jungen Christian Gottlob in die schöne und schöpferische Welt der Musik einweihten. Hier also ist nicht zu verwundern, dass Neefe während seiner späteren Studienzeit in Leipzig, sich insbesondere für Singspiele und das Theater interessierte, welches er seinem Freund und Mentor Johann Adam Hiller in erster Linie zu verdanken hatte. Denn erst durch Hiller war Neefe in die Theaterwelt eingetreten, die ihn dauerhaft fesseln sollte. Doch zunächst erlernte er die Anfänge des Klavierspiels bei dem Stadtorganisten Wilhelmi, dessen ehemaliger Klavierlehrer ein einquartierter preußischer Soldat war. Das Neefes Eltern ein Klavier besessen haben, an dem der bereits Zwölfjährige am Klavier „allerlei Kleinigkeiten unter erborgten und erdichteten Namen" gespielt haben soll, ist nicht nachzuweisen. Könnte es doch eher so gewesen sein, das der junge Schüler in dem Hause seiner Gönner das Klavier benutzen durfte, wie zum Beispiel bei der Familie Wendt, worüber auch hier nur

Vermutungen bestehen. Johann Friedrich Wilhelmi war 1755 von Düben nach Chemnitz gekommen, wo er zunächst als Substitut durch den 80.jährigen Organisten Thiele angestellt wurde, und nach dessen Tod in der Stadtkirche St. Jacobi die Nachfolge angetreten hatte. Wilhelmi blieb viele Jahre im Amt. Aber schließlich 1810 der Rat zur Erkenntnis kam, dass der 100jährige Greis wohl kaum noch imstande sei, aufgrund seiner vielen musikalischen Entgleisungen in den Gotteshäusern einen weiteren Dienst zu verwalten. Das diese Greise, Hoffmann wie Wilhelmi dem jungen Schüler musikalisch so viel auf den Wege mitgegeben haben, so wie Neefe selbst in seiner Biografie behauptet, sei hier doch sehr in Frage gestellt. Fakt ist, das Neefe sich bessere Meister auch finanziell gar nicht leisten konnte. Mag er auch in Erwägung gezogen haben, weitere Unterrichtsstunden bei dem Hohensteiner Kantor Christian Gotthilf Tag aufzunehmen, so schien ihm allein schon der drei Stunden Fußweg als sehr beschwerlich. Zu alledem der Vierzehnjährige außerdem an einer schweren rachitischen Erkrankung litt, die ihn um Wochen zurückgeworfen, und so wie Neefe selbst beschreibt „Die Ursache seiner Missgestalt war". Selbst die Gottesdienste als Chorist fielen ihm immer schwerer und nur unter den widrigsten gesundheitlichsten Umständen er durch rein finanziellen Druck seine Tätigkeit als Chorist weiterhin ausüben musste. Nur hier und da, in der Hoffnung musikalisch sein Erlerntes zu erweitern und zu verbessern, besuchte Neefe bei Christian Gotthilf Tag einige Unterrichtsstunden, welches ihn zwar musikalisch offenbar auch nicht viel weitergebracht, aber hier die Freundschaft zwischen Schüler und Lehrer dennoch Früchte getragen haben muss. Beschreibt ihn Neefe doch als einen sehr feurigen und geschickten Tonkünstler, der als fleißiger Komponist zwischen „Barock und Empfindsamkeit" stehend, dazu noch ein ausgezeichneter Lieder - und Klavierkomponist war. Die musikalischen Einflüsse denen also Neefe in Kindes - und Jugendalter unterlag waren somit immer noch sehr dürftig. Denn auch vom Musiktheater dürfte Neefe in Chemnitz wohl kaum Wesentliches erfahren haben, denn hierher verirrten sich nur selten wandernde Schauspieler - und Sängertruppen, und wenn, waren sie doch eher fragwürdig und nicht gerade von einem hochwertig musikalischem Repertoire. Chemnitz stand also Abseits von allem schauspielerischen und gesanglichen Geschehens, die für seine weitere musikalische Entwicklung zunächst nicht gerade fördernd war. Und doch wurde er dank des Kantors Tag in weitere musikalische Wissensgebiete eingeführt, wo er auch das erste Mal mit „Anleitungen zum Klavier spielen" von Friedrich Wilhelm Marpurg und „Versuch über die wahre Art das Clavier zu spielen" von Emanuel Bach in Berührung kam. Neefes Beschäftigung mit diesen grundlegenden Werken brachte ihn zumindest zu neuen Erkenntnissen, wobei aber das Erlernen der vielen Etüden und Präludien hier doch eher autodidaktisch erfolgten. Als fleißiger und emsiger Schüler begriff er zwar schnell, wo er unter anderem auch mit einer gewissen Leichtigkeit an die einzelnen Werke heranging, und doch fehlten ihm die Fingerfertigkeit als auch die Empfindung, die insbesondere Bach in seiner Musik zum Ausdruck brachte. Der junge Schüler musste wohl oder übel erkennen, dass er hier immer noch nicht auf dem richtigen Weg, und sein musikalisches Handwerk immer noch sehr stümperhaft sei, um ein ordentlicher Organist, geschweige denn Klavierspieler zu werden. Dazu kam sein ganzer Frust über die Kantoren und Pfarrer in Chemnitz, wo er sich über dessen Hochmut, Intoleranz und Heuchelei beschwerte. Andererseits auch mit dem Umgang eines Advokaten, der dem Jüngling alle „Lästerschriften" eines sehr zweifelhaften Religionsspötters in die Hand gegeben hatte, und wo der Junge mehr oder weniger den Eindruck gewann, welche Widersprüchlichkeiten sich doch hinter dem gesamten christlichen Glauben verbarg. Wohl mit ein Grund, warum sich Neefe vom Glauben zunächst abgewendet und sich selbst als Atheisten bezeichnete. Seine Weltanschauung über die Existenz eines Gottes, führen erst mit zunehmendem Alter, aufgrund vieler Schicksalsschläge, zu gewissen Widersprüchlichkeiten; wo der Glaube oft angezweifelt wurde, und wo der Schrei nach Gerechtigkeit in Neefes Lebensbeschreibung immer wieder zum Ausdruck kommt. Nach all den Unzulänglichkeiten einiger Kantoren wendet sich Neefe nun mit schriftlichen Anfragen und Kompositionen an den bekanten und einflussreichen Komponisten und Dirigenten Johann Adam Hiller. Ob der Hohensteiner Kantor Christian Gotthilf Tag nur die Anregung oder Neefe direkt an Hiller vermittelte, ist nicht bekannt, und auch darüber nicht, wie Neefe überhaupt nach Leipzig kam. Denn auch aus den Schriften Neefes können wir nur entnehmen, das sein Vater ihn habe dem Schneiderhandwerk zuführen wollen, wo ebenso auch aufgrund seines „schwächlichen Körpers", aber auch weil es dem Vater „an Mittel mangelte" um ein Universitätsstudium bezahlen zu können, hier wohl anzunehmen ist, dass an eine Übersiedlung und eines Studiums zunächst nicht zu denken war. Aber offenbar schienen ihm einige Gönner aus Chemnitz unterstützt zuhaben, sodass der junge begabte Schüler, sich nach Leipzig begeben konnte, mit dem Vorsatz, unter dem „Rektorate des so genannten apokalyptischen Doktor Crusius" ein Bürger der Akademie zu werden. Doch aufgrund vielerlei Umstände, die ebenso auch privater Natur gewesen sein könnten, und die Rückkehr nach Chemnitz, und aus welchen Gründen Neefe dies auch bewogen haben möge, so gelang es ihm endlich nach weiteren autodidaktischen Unterrichtungen in Musik und Wissenschaften, zwar mit schwacher Gesundheit und noch schwächeren Geldbeutel Ostern 1769 nach Leipzig zugehen. Wie Neefe seine Zeit in Leipzig und mit Johann Adam Hiller verbrachte, beschreibt er selbst in seiner zwar sehr kurzen zusammengefassten Autobiografie (Absatz 4), aber es gibt uns zumindest einen Einblick darüber, dass er trotz seiner ständigen Geldsorgen, dort in Leipzig sehr glücklich gewesen sein muss. Wo sich viele Tore für ihn geöffnet, viele Freundschaften geschlossen, und wo einige Mentoren und Förderer, den so begabten, aber auch sehr ehrgeizigen jungen Mann unterstützt haben. Hier weiß er außerdem auch über seine Bonner Zeit zu berichten, die offensichtlich nicht so glücklich verlief; und möge man dem Geschriebenen des Verfassers Glauben schenken, so lässt sich hier doch eindeutig erkennen, das Neefe im Laufe seines Lebens nicht nur vielen Intrigen ausgesetzt, sondern dass er neben Freunden und Gönnern auch von vielen Feinden umgeben war, die ihm und seiner so getreuen Gattin Susanne Marie Zink das Leben sozusagen zur Hölle gemacht haben. Liest man Neefes Lebensgeschichte, hier anhand des Originalskripts, unbeachtet der orthografischen Fehler, von ihm selbst und seiner Frau verfasst, wo alles Geschriebene, laut Aussage von Rochlitz, wahrheitsgetreu überliefert wurde, so können wir ebenso auch davon ausgehen, dass die vom Neefe dargestellte Hypochondrie, keineswegs von ihm frei erfunden wurde, sondern dass diese psychische Erkrankung, vermutlich von seinem Vater vererbt, obwohl eines gesunden Geistesverstandes, in seinem Kopf wütete. Im Kapitel „Neefes Selbsterkenntnisse" kommen wir noch ausführlicher darauf zusprechen. Neefes Leidensweg zwischen Krankheit, Suizidgedanken und Lebensängste waren ein Wechselbad der Gefühle, die eigentlich widersprüchlich zu seinem Erfolg standen. Er war ein Künstler von so vielen Einfällen und künstlerischer Vielfalt gesegnet, und doch hier ständig um seine Reputation und Anerkennung kämpfen musste.

-

Christian Gottlob Neefes Lebenslauf von ihm selbst geschrieben.

Ich bin im Jahr 1748 den 5. Februar zu Chemnitz im Erzgebirge Sachsens geboren. Ohnerachtet meine Aeltern arm sind, so hielten sie mich doch früh zur öffentlichen Stadtschule an. Eine ungemein gute Diskantstimme bahnte mir bald den Weg in das grosse Singechor, allwo ich den Anfang zur Erlernung der Singkunst machte, und wodurch mir und meinen lieben rechtschaffenen aber armen Aeltern es leichter ward, die nöthigen Schulkosten zu bestreiten. Ich bin meinen damaligen Lehrern, besonders dem verstorbenen biedern Kantor H o f f m a n n, dem verstorbenen Rektor H a g e r und dem noch jetzt lebenden Rektor J ü n g e r zu Freyberg, der aber damals noch Conrektor zu Chemnitz war, vielen Dank für ihren treuen Unterricht und ihre Geduld schuldig. Die letzte hab ich oft aufgefordert durch meine jugendliche Lebhaftigkeit, die nicht selten in Muthwillen ausartete, welches ich in reifern Jahren oft bereuet habe. Ich fasste die vorgetragenen Lehren ziemlich schnell und arbeitete mit großer Leichtigkeit. Daher war ich eben nicht der fleißigste Schüler. Ich begnügte mich damit, dass ich immer mit meinen Ausarbeitungen zur gehörigen Zeit fertig war, da ich denn gemeiniglich mit den fleißigsten Mitschülern gleichem Lob einärndete. Oefters kitzelte mich eine witzige satyrische Laune, und ich hatte Freymüthigkeit genug, alle meine Einfälle rund heraus zu sagen, wodurch ich mir manchen Verdruss zuzog. Sogar gerieth ich einmal auf den Abweg, ein Religionsspötter zu werden. Viele körperliche Beschwerlichkeiten, die für mich in meiner Jugend mit dem Gottesdienst verbunden waren, elende Predigten von einigen Pfarrern, ihr Stolz, ihre Intoleranz, und überhaupt ein ihren Lehren so oft widersprechendes Leben, am meisten aber der Umgang mit einem berüchtigten plumpen Religionsspötter führten mich darauf. Dieser unvorsichtige Mann, ein Advokat, gab mir unerfahrenen schwankenden Jünglinge fast alle Lästerschriften in die Hände, die ich mit gierigen Zügen verschluckte, und bey Gelegenheit wieder von mir gab. Den Anfang im Klavierspielen machte ich bey dem Stadtorganisten W i l h e l m i, und nachher bey einem gemeinen preußischen Soldaten, der im siebenjährigen sächsischen Kriege bey uns im Winterquartier stand. Bessere Meister konnt' ich nicht haben und auch nicht bezahlen. Zwar lebte in Hohenstein, einem Schönburgischen Städtchen nur drey Stunden weit von Chemnitz, ein feuiriger geschickter Tonkünstler, Kantor T a g , der itzt einer meiner liebsten Freunde ist; aber auch diese kleine Entfernung war für meine Umstände zu weit, als dass ich seines Unterrichts hätte genießen können. Nur zuweilen besuchte ich ihn, und verließ ihn nie ohne neue Ermunterung von ihm erhalten zu haben. Das meiste hab' ich in der Folge aus M a r b u r g s Anleitungen und aus C.P.E. B a c h s Versuch gelernt. In meinem zwölften Jahre ward der Hang zur musikalischen Komposition in mir rege. Ich setzte allerley Kleinigkeiten unter erborgten und erdichteten Namen auf, belauschte die Urtheile der Zuhörer, und meine Arbeiten, oder richtiger zu sagen, meine Schmierereyen erhielten Beyfall von Leuten, die der Kunst eben so unkundig und noch unkundiger denn ich waren. Einige Zeit berauschte mich dieser Beyfall, ich tappte immer noch in der Finsterniß fort, stumpfte manche Feder, und besudelte manchen schönen Bogen Papier, bis meine Ueberlegung reifer geworden, und ich mich, noch als Chemnitzer Schüler, mit meinen schriftlichen Anfragen über die Komposition an meinen nachher so verehrungswürdigen Freund H i l l e r in Leipzig wendete. In meinem 14. Jahre verlohr ich (durch welchen Zufall? weiß ich nicht) meinen geraden Körper. Von der Zeit an war ich kränklich. Doch hatte auch wohl mein Vater mir den Keim zur Hypochondrie mitgetheilt. Er selbst war in verschiedenen Perioden sehr mit dieser Krankheit belastet. Und in meiner Kindheit schon ward ich mit der so genannten englischen Krankheit behaftet, wovon mich, nach meiner Aeltern Aussage, nichts als die hallische Goldtinktur geheilt haben soll. In meinem 16. Jahre wollte mich mein Vater seiner Profession, dem Schneiderhandwerke widmen, um meines schwächlichen Körpers willen, und weil es ihm an Mitteln mangelte. Ich sträubte mich dagegen, sagte ihm frey heraus, dass nichts vermögend sey, mich von den Studien abzuwenden, berief mich auf die göttliche Vorsehung, die schon manchen Armen, mit gleichem Vorsatz unterstützt hätte, erinnerte ihn an lebende Beyspiele, und an den Beystand, den ich schon bisher von Gönnern erhalten hätte. Er beruhigte sich dabey, und ich gieng meinen angetretenen Weg getrost fort. 1767 reiste ich nach Leipzig, und wurde ein Bürger der Akademie unter dem Rektorate des bekannten Doktor C r u s i u s. Nach meiner Zurückkunft unterrichtete ich wie vorher in Musik und anderen Wissenschaften, theils um dadurch selbst noch zu lernen, theils Mittel zu erwerben zur Anschaffung nützlicher und angenehmer Bücher. Unter den letztern waren vorzüglich G e l l e r t s, R a b n e r s und Ge ß n e r s Schriften; doch fand ich an den G e ß n e r i s c h e n den meisten Geschmack.

Zu Ostern 1769, nachdem ich mit gerührtem Herzen von meinen Verwandten Abschied genommen, und mein Vater mit Thränen im Auge mich noch versicherte, er wolle mich nie gänzlich Mangel leiden lassen, und wenn er auch sein kleines Haus, das er sich durch sauere Arbeiten erworben, wieder verkaufen müsse -- bezog ich mit schwacher Gesundheit und noch schwächerem Geldbeutel, die Universität zu Leipzig. Gesammelte 20 Thaler und ein jährliches Stipendium von 30 Gulden vom Magistrat meiner Vaterstadt, waren mein ganzer Reichthum, mit welchem ich die Kosten meiner Studien und meines Unterhalts bestreiten sollte. Die äußerste Einschränkung von meiner Seite, Unterstützung einiger gutgesinnter Menschen, und die Uneigennützigkeit einiger Professoren kamen mir zu Hülfe. Meine Lehrer waren vornehmlich: G e l l e r t , S e y d l i t z , S a m m e t , B r e u n i n g , T o b i a s R i c h t e r , und K l e e m a n n . Ewig segnet mein Herz besonders des Erstern Andenken. Das Studium der Logik, Moralphilosophie und des Natur- und Völkerrechts gewährte meinem Geiste eine angenehme Nahrung. Auch zur bürgerlichen Rechtsgelehrsamkeit spürte ich anfänglich viel Neigung, bis ich zu den Pandekten und der Prozessordnung kam, wo ich aus den unendlichen, durch die unerschöpfliche Bosheit der Menschen veranlassten Ausnahmen von den Regeln einsehen lernte, was das alte Sprüchwort heisse: Die Gerechtigkeit hat eine wächserne Nase. Hier verlohr ich alle Lust, ein Rechtsgelehrter zu werden. Dies, mein geringes Gedächtniß, welches zur Rechtsgelehrtheit untauglich war, der überwiegende Hang zur Musik, das Gefühl vorzüglicher Fähigkeiten dazu, das Zureden meiner musikalischen und ästhetischen Freunde, H i l l e r s , E n g e l s , und andrer, auch meine Hypochondrie, mit der ich vom Anfange meiner akademischen Studien heftig zu kämpfen gehabt, und die ich nun durch das anmuthige Studium der Tonkunst zum Theil zu verscheuchen hoffte, bewog mich, die Themis zu verlassen und mich ganz Euterpen zu widmen. Doch zum Beweis für gewisse Personen, daß ich meine akademischen Jahre nach ihren Begriffen nicht unnütz verlebt und das vaterstädtische Stipendium nicht unwürdigerweise genossen hätte, absolvirte ich zuvor meine juristischen Studien, disputirte öffentlich über die Frage: Ob ein Vater befugt sey, seinen Sohn zu enterben, weil er sich dem Theater geweihet? und antwortete allerdings mit: Nein! -- (Die Fortsetzung folgt.)"
"Den 23ten Januar 1799

(Fortsetzung.)
Die Hypochondrie hat mir viele Leiden gemacht. Zwischen 1770 und 1771 war mein Körper durch sie so entkräftet, dass ich kaum von einem Hause zum andern schreiten konnte; mein Geist war so darnieder gebeugt, und so mit kranken Einbildungen erfüllt, dass ich nur höchstselten arbeiten konnte, dass ich oft die Jahrzahl vergaß, dass ich beim hellsten blauesten Himmel regnen sahe, dass ich bald diese, bald jene Todesart fürchtete. Oft peinigten mich Gedanken des Selbstmords, die schrecklichste Angst trieb mich umher, jeder kleine Sandhügel ward mir zum unübersehbaren Gebirge. Vernünftige Aerzte,

Diät und mäßige Zerstreuungen verscheuchten endlich dieses Ungeheuer. Doch habe ich dieser Krankheit auch vieles zu verdanken.

1)Leitete sie mich wieder näher zur Religion. Der Hypochondrist bildet sich immer einen nahen Tod ein. Ich trachtete also nach bessern und gründlichern Einsichten in der Religion; ich suchte Gefühl für sie in meinem Herzen zu erwecken, um mit Freudigkeit und Hoffnung sterben zu können. Es gelang mir, vornehmlich durch die Schriften von B o n n e t, M o s e s M e n d e l s s o h n, S p a l d i n g, J e r u s a l e m und N ö s s e l t, Die Religion wurde mir verehrungswürdig, und ich spürte die herrlichen Früchte derselben im Herzen und Leben.

1)Hielt sie mich von den gewöhnlichen Ausschweifungen der Jünglinge auf Universitäten ab. Man beredete mich einstmals, nach einem Dorfe ohnweit Leipzig mitzutraben, wo damals noch ein Tempel der Unzucht geduldet ward. Was ich in demselben nur an unzüchtigen Mienen und Kleidungen sahe, trieb mich bald wieder fort, und prägte mir einen unausrottlichen Abscheu gegen alle solche Häuser, gegen ihre viehischen Bewohner, und überhaupt gegen Unkeuschheit ein. Aber ein reines Gefühl für das schöne Geschlecht hegte ich immer in meinem Busen.

2)Ward ich durch sie in den Stand gesetzt, meinem Vater, der einen so harten Anfall von ihr bekam, dass er in melancholische Verzweiflung fiel, Trost zuzusprechen und Rath zu ertheilen. Er hatte keinen Begriff von dieser Krankheit, und leitete darum seine Leiden aus der unrechten Quelle her. Ich lehrte ihn aus eigner Erfahrung die wahre Beschaffenheit seines Zustandes kennen, zeigte ihm, dass die Ursachen seiner Qualen im Körper und nicht in der Seele zu suchen seyen, dass niemand weniger, als der arme Teufel Antheil dran habe; und nun widerrieth ich ihm den geistlichen und empfahl ihm den leiblichen Arzt. Ich schlug ihm die Mittel vor, deren ich mich bediente. Er hatte Zutrauen zu mir, gab meinen Rathschlägen Gehör, nahm einen geschickten Arzt an, gebrauchte die vorgeschriebenen Arzneymittel, und so genaß er am Leibe und folglich auch wieder am Gemüthe.

1)Veranlasste sie eine genauere Freundschaft zwischen H i l l e r n und mir. Er hatte selbst viel von ihr gelitten. Und gleiche Schicksale bringen die Menschen gemeiniglich näher zusammen. Ich bin nun wieder auf H i l l e r n gekommen, und ich habe Pflicht mich jetzt länger bey ihm zu verweilen. Welcher Musikfreund kennt und liebt nicht diesen einsichts-, geschmack- und empfindungsvollen Komponisten, diesen musikalischen G e l l e r t! und welch unbefangener Tonkünstler schätzt ihn nicht! So eine Thäthigkeit für seine Kunst mit Hintanzetzung seiner ökonomischen Vortheile, so einen glühenden Eifer, jedes junge Talent zu unterstützen, entwickeln zu helfen, und dessen Glück zu befördern, habe ich nie wieder gefunden.

Dieser Mann nun ist es, der vorzüglichen Anspruch auf meine Dankbarkeit zu machen hat. Er ist die Quelle, woraus ich meine bessern musikalischen Kenntnisse geschöpft. Zwar kann ich nicht sagen, dass ich so eigentlich Schule bey ihm gemacht habe. Aber seine Gespräche über musikalische Dinge, seine Erinnerungen über meine Arbeiten, seine Bereitwilligkeit, mir die besten

Muster in die Hände zu geben, und mich auf ihre vorzüglichsten Schönheiten aufmerksam zu machen, dieselben zu entwickeln, das Vorschlagen solcher Bücher, worinnen die Kunst auf psychologische Gründe gebaut war, z. B. H o m e s Grundsätze der Kritik, S u l z e r s Theorie u. a. m. -- nützten mir mehr, als ein förmlicher Unterricht. So oft ich zu ihm kam, empfieng er mich mit freundlichen Augen. Dies benahm mir die Furcht, ihm mit der Vielheit meiner Befragungen und Besuche überlästig zu werden. Eine ziemlich lange Zeit war ich um ein geringes Geld sein Kostgänger. (Damals gieng auch der itzige königlich-preußische Kapellmeister R e i c h a r d t fleißig bey ihm aus und ein, und berathschlagte sich mit ihm über musikalische Gegenstände.) Dadurch bekam ich Gelegenheit, mit vielen andern wackern Tonkünstlern, inn- und ausländischen, bekannt zu werden. Er verschaffte mir auch Bekanntschaft mit andern Gelehrten, schönen Geistern und Künstlern. Die Gesellschaft eines W e i ß e, G a r v e , E n g e l , O e s e r , B a u s e etc. -- ihre Werke, ihre unpartheiische Empfehlung andrer Produkte, ihre Unterredungen und Urtheile, klärten meinen Verstand immer mehr und mehr auf, bildeten meinen Geschmack und meine Empfindung. Solches Umgangs mit solchen Personen suchte ich mich nun täglich würdiger zu machen. Ich glaubte, jede unedle Empfindung, jeden unanständigen Gedanken könnten sie deutlich an meiner Stirne lesen. Und so ward ich immer mehr im Guten durch Beyspiele und eigenes Bestreben befestigt. H i l le r sorgte auch für die Verbesserung meiner Glücksumstände. Er empfahl mich als Musikinstruktor in verschiedenen angesehenen Häusern, nahm mich zum Mitarbeiter an seiner Operette: der Dorfbarbier, und an seinen wöchentlichen musikalischen Nachrichten und Anmerkungen an, wodurch er mich öffentlich in die musikalische Welt einführte. Er beförderte einige meiner nachherigen Arbeiten zum Druck, und vermehrte solchergestalt meine Einkünfte. Einige Gesänge zum Dorfbarbier, verschiedene kleine Stücke in seinen wöchentlichen N. u. A. Drei Operetten: Die Apotheke, Amors Guckkasten und die Einsprüche, die an C.P.E. Bach dedicirten Klaviersonaten sind ganz unter seiner Aufsicht komponirt und herausgegeben worden. Meine übrigen gedruckten Arbeiten sind folgende:

a) *Sechs Klaviersonaten, dem verstorbenen Königl. Preuß. Kammerkomponisten,*

b) *Herrn A g r i k o l a zugeeignet.*

c) *Freimäurerlieder, unter dem Namen F e n e e .*

d) *Lieder mit Klaviermelodien.*

e) *Heinrich und Lyda, eine Operette.*

f) *Zwölf K l o p s t o k i s c h e Oden.*

g) *Sechs Klaviersonaten zum Singen am Klavier.*

h) *Sechs Klaviersonaten mit willkührlicher Begleitung einer Violine.*

i) *Vademecum für Liebhaber des Gesangs und Klaviers.*

f)Sophonisbe, ein Monodram von M e i ß n e r, der Durchlauchtigen Erbprinzessin von Hessen- Darmstadt zugeeignet.

k)Ein Klavierkonzert mit vollständiger Orchesterbegleitung, dem Churfürst von Sachsen dedicirt. Letzteres ist bey G ö t z in Mannheim gestochen; alle andern arbeiten sind bey B r e i t k o p f in Leipzig gedruckt worden.

k)Beyträge in verschiedene Journale.

Manuscripte sind:

Eine Partitur der Oper: Zemire und Azor, nach des Hrn. v. T h ü m e l s freyer Uebersetzung.

2) Eine Partitur der Oper: A d e l h e i d von Veldtheim.

3)Eine Partitur vom lateinischen Vaterunser.

4)Sechs Klaviersonaten mit obligater Violinbegleitung.

5)Einige Parthien für ein vollständiges Orchester.

6)Eine Partitur von zwischen den Aufzügen der Schauspiele zu spielenden Stücken.

7)Verschiedene Lieder.

8)Kleinere Theater- und andere unvollendete Arbeiten.

Ich war sehr begierig, einem Manne, wie H i l l e r , der so viel Gutes an mir gethan, meine Dankbarkeit einmal thätig zeigen zu können. Denn dass ich ihm meine erste Operette: Die Apotheke, zueignete, verdient weiter nicht in Betrachtung gezogen zu werden. Lange konnte ich keine Gelegenheit dazu finden, worüber ich oft traurig ward. Endlich fand ich doch eine. Er hatte auf Zureden die Stelle des Musikdirektors bey dem Theaterdirektor S e i l e r übernommen. Da er sie aber wegen vieler anderen Verbindungen nicht gehörig besorgen konnte, und mehr Verlust als Gewinn dabey hatte, so fragte er mich, ob ich als ein ungebundener Mann ihn nicht ablösen wollte? Meine Verfassung, fügte er hinzu, würde diese Stelle gewiss behäglicher seyn, als der seinigen. Ob ich mich nun schon aus vielen angenehmen Verhältnissen setzen musste, so ergriff ich doch mit Freuden die Gelegenheit, meinem geehrten Freunde eine Gefälligkeit zu erzeigen und ihn von einigen Verlegenheiten befreyen zu können. Ich ward bald mit S e i l e r n über die Bedingungen einig, und im Jahr 1776 gegen den Johannistag reiste ich ins L i n k i s c h e Bad nahe bey Dresden, wo sich damals die S e i l e r s c h e Schauspielergesellschaft aufhielt, und übernahm den Posten meines lieben H i l l e r s , welcher nach Leipzig zurückkehrte. Ich hatte einen mündlichen Kontrakt mit S e i l e r n auf ein Jahr gemacht. Bevor dieses Jahr verflossen, endigte sich S e i l e r s Kontrakt mit dem Chursächsischen Hofe und da sich Schwierigkeiten über verschiedene Punkte eines neuen Kontrakts äusserten, hielt sich Seiler genöthigt, Sachsen mit den Rheinländern zu vertauschen. Ich fühlte wenig Neigung in mir, ihn dahin zu begleiten, weil ich gar sehr an meinem Vaterlande, und meinen Verwandten und Freunden hing, und weil mich ein liebes braves Mädchen in meiner Geburtsstadt fesselte. Ich ersuchte demnach S e i l e r, mir die sechs Wochen zu erlassen, die noch zur gänzlichen Erfüllung des Kontrakts fehlten. Allein er mahlte mir die rheinischen Gegenden so reizend, stellte mir den nützlichen Einfluss einer solchen Reise auf meine Gesundheit vor, (welchen ich in der Folge auch erfahren) dass ich die heilsamsten Bäder und mineralischen Brunnen dort fände, mich durch kräftigen ungeschminkten Rheinwein stärken, und durch alles dies meiner Hypochondrie einen solchen nachdrücklichen Streich versetzen könne, dass sie mich vielleicht nie wieder heimsuchen werde. Ich ließ mich endlich überreden, und reisete also im Jahr 1777 mit seiner Gesellschaft nach Frankfurt am Mayn. Die Entfernung von meinem Vaterlande und all den Lieben darin, that meinem Herzen sehr weh. Doch zogen mich nach und nach die zauberischen Schönheiten der maynischen und rheinischen Gegenden an sich, und sie nebst vielen andern neuen Gegenständen minderten den Kummer der Trennung. Ich dirigirte noch zwey Jahre und ein halbes die Opern der S e i l e r i s c h e n Bühne, welche abwechselnd in Frankfurt, Mainz, Kölln, Hanau, Mannheim und Heidelberg eröffnet ward, bis endlich diese einst so glänzende Schauspielergesellschaft 1779 nach der Frankfurter Herbstmesse auseinander gieng.

Schon seit einigen Jahren interessirte mich ein wackeres liebes Mädchen mehr, als für meine Ruhe gut war. Demoiselle Z i n k, aus Warza im Gothaischen gebürtig, ehemals in Herzoglich Gothaischen Diensten als Hofsängerin, und damals, auf Anrathen des Kapellmeisters G e o r g B e n d a, in dessen Hause sie erzogen worden, Schauspielerin und Sängerin beym S e i l e r i s c h e n Theater, ward heimlich meine Geliebte. Es gelang mir, mich auch ihr werth und theuer zu machen. Aber ich hatte sie schon längst ihres sanften Herzens, steten Charakters und ihrer guten Sitten wegen geschätzt. Ich sahe keine Hofnung vor mir, jemals mit ihr in Sachsen vereinigt zu werden. Der Gram unglücklicher Liebe beugte mich zu sehr nieder; ich begann die sonstige Thätigkeit in meinem Amte zu verlieren; selbst mein Talent litt; die Neigung, mit einer tugendhaften Freundin den Pfad meines Lebens gemeinschaftlich zu durchwandeln, ward immer stärker in mir -- ich heyrathete sie im Jahr 1778 in Frankfurt, und habe an ihr eine redliche, zärtliche Gattin gefunden, die mir drey Kinder, zwey Töchter und einen Sohn gebohren hat, von denen der letzte aber gestorben ist. Ich habe am Mayn- und Rheinstrom manche wichtige und angenehme Bekanntschaften gemacht, und einige meinem Herzen theure Freunde gewonnen. <u>Beym Theater fand ich viele niederträchtige Personen, wenige, die ihrem Stande Ehre machten</u>.

Im October 1779, nachdem sich die S e i l e r i s c h e Gesellschaft getrennt hatte, ging ich mit meiner Familie zur G r o ß m a n n - H e l l m u t i s c h e n Bühne nach Bonn. Ich stand zwar vorher schon mit B o n d i n i , dem Impressario des Chursächsischen Theaters in Unterhandlung; weil er aber seinen letzten Entschluss zu lange verzögerte, so nahm ich einstweilen unter freundschaftlichen Bedingungen, ohne förmlichen bestimmten Kontrakt die Stelle eines Musikdirektors, und meine Frau die einer Schauspielerin bey der Bonnischen Gesellschaft an. Einige Zeit darnach kamen Briefe von B o n d i n i an mich, worinne er meine Forderungen bewilligte. Ich benachrichtigte die Direktion davon, und von meiner ganzen Verbindung mit B o n d i n i, die schon seit einem halben Jahr existirte. Ohne Kontrakt, als Freund von Freunden, die meine Vaterlandsliebe kannten, durft' ich erwarten, dass sie mich ohne Hindernisse wieder von dannen ziehen ließen. Doch sie sollten nicht allein alles für mich thun. Ich schlug vor, dass ich B o n d i n i ersuchen wollte, die Anfangszeit des Kontrakts bis zu den nächsten Ostern zu verschieben. Indess könnt' ich ihnen ihre Oper auf einen bessern Fuß setzen, und sie hätten Zeit genug, unsre Lücken wieder auszufüllen. Dieß ward angenommen. Ich schrieb also an B o n d i n i. Er antwortete bald darauf, wollte von keinem Aufschub hören, schickte Kontraktsmäßigen Brief, Wechsel und Reisekosten, und drang darauf, dass ich mit meiner Frau längstens in der Mitte des Jänners zu Leipzig eintreffen sollte. Dieß meldete ich sogleich der Direktion und bat sie, mich nun nicht weiter aufzuhalten. Man bediente sich mancherley Mittel, mich zur Vernichtung der Verbindung mit B o n d i n i zu bewegen. Liebkosungen, Versprechungen k ü n f t i g e r Vortheile, Apellationen an mein Herz, Ermahnungen u. d. m. versuchte man. Allein ich, der ich mich auf keine bestimmte Zeit an die Bonnische Direktion versprochen, weder durch schriftlichen noch mündlichen Kontrakt gebunden war, wie aus denen noch in meinen Händen befindlichen Originalpapieren zu ersehen ist, (die ich nach Dresden zu meiner Rechtfertigung geschickt) ich konnte als ein ehrlicher Mann meine gesetzmäßige Verbindung mit B o n d i n i nicht aufheben, wenn ich auch die Sehnsucht nach meinem Vaterlande besiegt, und die Bonnische Direktion mir auch noch so viel reelle Schadloshaltung angeboten hätte, wie sie denn doch nicht gethan. Endlich da alle Versuche mißlangen, legte man Arrest auf meine Effekten. Ich klagte. Aber die Entscheidung der Sache ward von einer Zeit zur andern verzögert. Dieß ward auch der einzige Weg, auf welchem man seine Absicht erreichen konnte. Kurz, es war mir unmöglich, zur gesetzten Zeit in Leipzig zu erscheinen; B o n d i n i war genöthigt, andre Personen zu unsern Stellen zu engagiren, und ich musste einen Kontrakt eingehen und also in Bonn bleiben. Ueber meine Richter beklage ich mich nicht. Nach dem Lichte, in welchem ihnen meine Sache vorgestellt worden, und nach gewissen andern Umständen, die ich aus Bescheidenheit verschweige, konnten sie fast nicht anders verfahren. Nur über Misshandlung der Freundschaft habe ich zu klagen, die auf einen redlichen Mann, der solcher Auftritte nicht gewohnt ist, schrecklich wirken kann. Möchte diese Begebenheit auf ewig aus meinem Gedächtnis getilgt seyn. Sie hat meinem Herzen eine tiefe Wunde geschlagen, meinen Charakter und meine Gesundheit nicht wenig verstimmt, und Empfindungen und Leidenschaften in mir erweckt, deren ich mich nie fähig geglaubt. Es brauchte lange Zeit und Mühe, ehe ich wieder ruhiger ward, und meinen Charakter wieder in seine vorige Stimmung brachte. Freundesgesinnungen und Zutrauen für gewisse Personen habe ich nie wieder in mir erregen können. Dieses Ereignis verbreitete nun über ihre andern Handlungen ein ganz andres Licht. Indess habe ich mein Amt mit voriger Treue und Eifer verwaltet, welches ich bis jezt noch thue.

Im Jahr 1781 den 15. Februar bekam ich auf Empfehlung des dirigirenden Ministers, Grafen von Belderbusch, und der Frau Gräfin Hatzfeld von Sr. Churfürstlichen Gnaden zu Kölln, M a x i m i l i a n F r i e d r i c h, das Dekret zur Anwartschaft auf die Hoforganistenstelle zu Bonn, ohne mich wegen meiner protestantischen Religion in Anspruch zu nehmen. Im Junius dieses Jahres reiste ich mit der Gesellschaft nach Pyrmont, wo Grossmann die Direktion allein übernahm, und wo wir uns zwey Monate verweilten; von da nach Cassel, wo wir uns fast eben so lang aufhielten, und wo ich in eine Gesellschaft der weisesten und rechtschaffensten Männer, die nach einem

großen Plane für das Glück der Menschheit vereint arbeiten, aufgenommen zu werden gewürdigt ward. Von Cassel kehrten wir nach Bonn zurück. Daselbst blieben wir bis zum 20. Junius 1782. An diesem Tage traten wir unsre Reise nach Münster an, wohin auch der Churfürst gieng. Den Tag zuvor ward mein Vorgänger, der Hoforganist V a n d e n E d e n begraben. Ich erhielt aber Erlaubnis, dass ich meine Stelle durch einen Vikar verwalten lassen, nach Westphalen und von da nach Frankfurt zur Michaelismesse mitreisen durfte, wo wir das vom Magistrat neuerbaute Comödienhaus einweihten. Bis hieher geht jetzt mein unbedeutendes einfaches Leben. Möchte ich die wenigen Jahre, die ich nach meinem kränklichen Körper etwan noch zu leben habe, ruhiger und nützlicher für meinen Geist, für meine Familie und für meine Mitmenschen anwenden, und dann endlich Bruder H a i n mit freudigem Herzen umarmen können!
Frankfurt, den 30.September 1782

1799 März
Neefes Lebensgeschichte von seiner hinterlassenen Wittwe fortgesetzt.

Im Jahr 1784 wurde meinem seligen Manne die einstweilige Direktion über Kirchen- und alle andere Musik bey Hofe übertragen, weil der Churfürstliche Kapellmeister L. auf einige Monathe verreiste. Während dieser Zeit hatten wir das Unglück, unsern wahrhaft guten alten Churfürsten zu verlieren. So sehr dieser gute Fürst auch von Jedermann beklagt wurde, so fühlten doch wenige seiner Unterthanen seinen Verlust so sehr, als wir: denn wir verloren zugleich jährlich 1000 Gulden von unserm Gehalt, weil das Theater, welches er auf seine eigenen Kosten unterhalten hatte, aufhörte. Es blieb uns also nichts übrig, als der feste Gehalt, welchen mein Mann als Hoforganist machte. Davon allein konnten wir aber nicht leben: es mussten also Lectionen dabey gegeben werden, um das Fehlende herbey zu bringen. Es dauerte auch nicht lange, so hatte er die Lectionen von vielen der ersten Häuser in Bonn. Zu seinem Vergnügen kaufte er sich einen kleinen Garten vor dem Thore, worinne er die wenigen Stunden, welche ihm zu seiner Erholung übrig blieben, zubrachte. Doch war er auch hier keinen Augenblick müßig. Er besäete und bepflanzte sein Gärtchen selbst, wartete und pflegte seine jungen Bäume und Pflanzen mit so viel Sorgfalt, dass jeder, der vorbey gieng, stehen blieb und sich des ordentlichen und fleißigen Gärtners freuete. Wie süß schmeckten uns die selbstgezogenen Gemüse und die ersten Früchte der selbstgepflanzten Bäumchen! So verlebten wir unsere Zeit ziemlich ruhig, bis nach einigen Jahren der jetzige Churfürst von Cölln abermals ein Hoftheater errichtete, wobey mein Mann seine schon seit vielen Jahren begleitete Stelle als Musikdirektor und ich die meinige als Hofschauspielerin wieder bekam. Dadurch wurde freylich unsere Einnahme, aber auch die Arbeit meines Mannes dergestalt vermehrt, dass er gezwungen war, seine Lektionen wieder aufzugeben, und alle seine Kräfte dem Theater zu widmen. Nichts belebte ihn dabey mehr, als die Hoffnung, dass hier für uns im Alter Brod wachse. Armer Mann, wie traurig wurdest du getäuscht! --

Der französische Krieg brach aus. Die Franken kamen uns immer näher, das Theater wurde eingestellt, der Gehalt hörte auf, und die Lektionen waren aufgegeben. Unser ältester Sohn, der uns zu den schönsten Hoffnungen berechtigte und der die Stütze unsers Alters werden sollte -- starb jetzt gleichfalls! -- Nun bekam mein Mann Briefe aus Amsterdam, vom Herrn Schauspieldirektor H. welcher unsre ältere Tochter von 15 Jahren, welche schon seit einigen Jahren in der Musik unterrichtet worden war, und öffentliche Proben ihres Talents abgelegt hatte, zu seiner Gesellschaft als Sängerin begehrte. Da für sie in Bonn nun weiter keine Aussicht und nicht einmal Gelegenheit war, ihr Talent vollends auszubilden, so wurden mein Mann und Herr Direktor H. bald über die Bedingungen einig, unter welchen sie kommen sollte. Um sie recht sicher an Ort und Stelle zu bringen, nahm es der zärtliche Vater, ohngeachtet seines schwächlichen Körpers auf sich, sie selbst dahin zu bringen, und reiste 1794 mit unserer Tochter ab, welche auch, 2 Tage nach ihrer Ankunft in Amsterdam, zur Zufriedenheit des Direkteurs und des Publikums auftrat. Nach 4 Wochen kehrte mein guter Mann wieder in unsere Arme zurück. Nunmehr wäre Zeit genug für die Lektionen da gewesen, aber alles war in Furcht und Schrecken über die immer näher und näher kommenden Franken. Da sie zu gleicher Zeit auch ihren Marsch nach Holland nahmen, so gieng Herr Direktor H. mit seiner Gesellschaft nach Düsseldorf. Er besuchte uns, und da er fand, dass mein Mann kein anderes Geschäft hatte, als zweymal in der Woche die Orgel an der Hofkapelle zu spielen, so bot er ihm eine ansehnliche Gage, wenn er zu ihm komme und seine Oper dirigiren wollte. Mein Mann, dessen musikalischer Geist jetzt ohnehin zu wenig Nahrung hatte, gieng zum Churfürsten und begehrte auf einige Zeit Urlaub, auch war er schon mit einem Freunde überein gekommen, der seinen Dienst einstweilen versehen wollte. Der Churfürst schlug ihm seine Bitte ab und verlangte, dass er seinen Dienst so lange thun sollte, als die Franken den Gottesdienst nicht störten. Es vergiengen kaum 14 Tage, so reisten Se. Durchl. von Bonn weg, der ganze Adel folgte ihm nach, die Franken rückten ein, der Rhein und alle Ab- und Zugänge waren gesperrt: wir mussten nun bleiben. Der Churfürst hatte vor seiner Abreise seiner Dienerschaft noch 3 Monate Gehalt voraus bezahlen lassen, und sich und seinen Unterthanen mit der Hoffnung geschmeichelt, binnen dieser Zeit wieder in Bonn zu seyn. Aber es vergieng ein Monat und ein Vierteljahr nach dem andern -- wir bekamen Tag vor Tag Einquartierung, eine Lieferung über die andere, die Lebensmittel stiegen mit jedem Tage, viele dringende Nothwendigkeiten konnte man für Geld nicht einmal mehr bekommen, und dabey kein Heller Einnahme! Bey Errichtung einer neuen Municipalität fiel es den Franken noch gar ein, meinen Mann in Requisition zu nehmen, und ihn, ohngeachtet seiner Kränklichkeit und seines Mangels an den dazu gehörigen Kenntnissen, zum Municipalbeamten zu machen. Dafür bezahlten sie ihm aber auch montalich 200 Livres in Papier, wofür mir niemand Brod gab. Desto mehr belud man meinen Mann mit Arbeiten. Der Vormittag wurde jeden Tag, und oft auch der Nachmittag auf dem Rathhause zugebracht, die übrigen Stunden verstrichen zu Hause mit Durchlesung ganzer Stösse Akten. Dabey mussten wir ein Stück nach dem andern verkaufen, um nur leben zu können! Dieses dauerte beynahe ein Jahr, als in der Administration noch ein zweyter Registrator verlangt wurde. Da dort mit Gelde und hier blos mit Papier bezahlt wurde, so zog mein Mann diesen Dienst vor und wurde vom Rathsherrn zum -- Registrator. Hier gab es nun wieder ein neues Studium. So viele Mühe ihm dies anfänglich machte, so überwand er doch, da er von jeher an Fleiß und Ordnung gewöhnt war, auch diese Schwierigkeiten; und nun befanden wir uns

einige Monate ziemlich leidlich! -- Kaum fiengen wir an zuweile eine heitere Stunde zu genießen, so traf uns ein neuer Schlag: die ganze Administration wurde mit einem mal abgesetzt. Während dieser Zeit war Herr Direktor H. mit seiner Gesellschaft in Wetzlar und beynahe 1 Jahr in Mainz gewesen, wo er sie aus einander gehen ließ, und unsere Tochter hatte Engagement bey Herrn Bossang, Direktor bey der Hofschauspielergesellschaft in Dessau, angenommen. Diesem gieng im August 1796 sein Musikdirektor ab, er schrieb deswegen an meinen Mann und bot ihm diese Stelle an. Wir konnten nicht länger in Bonn bleiben, wenn wir als rechtschaffene Menschen handeln und den guten Leuten, welche uns in der Noth geholfen hatten, nichts schuldig bleiben wollten. Wir befriedigten ihre Forderungen mit allem, was wir hatten, und reiseten von Bonn nach Leipzig, wo unsere Bestimmung war, die B o s s a n g i s c h e Gesellschaft zu erwarten. Wie glücklich fühlten wir uns bey Eintritt in diese schöne Stadt! Wir glaubten nunmehr alles über uns verhängte Elend überstanden zu haben, und hatten auch noch die große Hoffnung von unserm lieben Churfürsten, welchen wir das Glück hatten, eben daselbst zu treffen, den noch rückständigen 7vierteljährigen Gehalt zu bekommen, da mein Mann auf seinen ausdrücklichen Befehl seinen Dienst in der Hofkapelle bis zum Tage seiner Abreise richtig versehen hatte. Es wurde dem Churfürsten eine Supplik dieserhalb übergeben, mein Mann gieng darauf selbst zu ihm, wurde außerordentlich gnädig aufgenommen, und wir erwarteten mit Sehnsucht die Antwort. Sie kam - mit zitternden Händen öffneten wir, und fanden nichts, als einen f ö r m l i c h e n A b s c h i e d! Wir blieben zwey Monate in Leipzig, und reisten den 1. Dec. 1796 von da nach Dessau. Den ersten Winter verlebten wir hier sehr vergnügt. Wir fühlten das Glück, aus dem Elende des Krieges errettet zu seyn, und dankten es mit innigster Rührung der Vorsehung. Doch auch dies Glück sollte bald gestört werden. Ich verfiel in ein hitziges Gallenfieber, gerieth in Wahnsinn und Raserey und verursachte meinem guten Mann also neues Leiden. Wider alles Vermuthen wurde ich durch die Kunst des hiesigen Herrn D. Olbergs vollkommen wieder hergestellt, und ich ergreife die Gelegenheit, diesem würdigen Manne öffentlich meine herzlichste Dankbarkeit zu bezeigen. Nach einigen Monaten überfiel meinen Mann ein ganz ungewöhnlicher Katharr. Der Husten dauerte Tag und Nacht fort, und verursachte seiner ohnehin schwachen Brust viel Schmerzen. Er konnte weder liegen noch sitzen. Diese Unruhe dauerte einige Tage immerwährend fort. Den 26. Jan. 1798 fieng endlich der Husten an ein wenig nachzulassen; der Kranke bekam Lust zum schlafen, verlangte eine Arzeney und bat, dass man ihn ja nicht im Schlafe stören möchte. Er schlief auch wirklich bald darauf ganz ruhig ein, aber ohne jemals die Augen wieder zu öffnen. Sein Ende war so ruhig und sanft, als sein Leben unruhig und kummervoll gewesen war. Er brachte sein Alter auf fünfzig Jahr weniger 9 Tage und hinterließ am Leben drey Töchter und einen Sohn.
S. M. Neefe. Wittwe."

Diese Autobiografie von Neefe erschien mit der Fortsetzung seiner Gattin im Druck (Allgemeine musikalische Zeitung, Leipzig, 1798 - 99. Nr.16, 17, 18, 23). Der Herausgeber Friedrich Rochlitz, der später auch in enger Beziehung mit Beethoven stand, äußerte sich mit folgendem Kommentar über Wirken und Schaffen Neefes: Seine Kompositionen, wenn sie auch ohne die Gewalt und den Glanz des höchsten Genius sind, und folglich keine Revolution in der Kunst selbst und im Gange des Geschmacks bewirkt haben, zeugen sie doch unwidersprechlich von Talent, Kenntnis, Gefühl und Geschmack. Sein Charakter hatte Redlichkeit, Gefälligkeit, Offenherzigkeit, und Freundschaftlichkeit zu Grundzügen; keiner seiner näheren Freunde hat ihn noch jetzt vergessen...Dass hier aber Rochlitz einige Veränderungen an dem Manuskript vornahm, können wir ebenso aus seinen weiteren Schriften entnehmen. Doch diese Veränderungen, die Rochlitz für notwendig befunden hatte, waren doch eher stilistischer Natur: Ergänzungen eines Wortes durch ein anderes, Korrekturen an der Orthografie und kleinen Nachlässigkeiten der Sprache. Weit eingreifender waren seine Kürzungen des Textes. Sie umfassen ungefähr 4 Seiten - die beiden letzten sind nur halb beschrieben - der sich anschließenden Selbstcharakteristik, welches hier unter dem Kapitel „Neefes Selbsterkenntnisse" nachzulesen wäre. Somit sind also insgesamt 8 Seiten der Nachwelt als wichtiges Dokument erhalten geblieben. Insofern wir über Neefes Charakter mehr Auskünfte erhalten als wir jemals hätten über Beethoven bekommen können. Hier über Beethovens Charakter doch eher Vermutungen angestellt wurden, aber über sein Wahres „Ich" wir nur wenige nachweisliche Zeugnisse von Zeitzeugen besitzen. Und doch scheint Neefe hier höchstwahrscheinlich aus Anstand und Höflichkeit, insbesondere die wahren Ereignisse in Bonn uns zu verschweigen. Jedoch möchten wir gern mehr erfahren, wer die eigentlichen Verursacher seines Missgeschickes waren, worüber sich Neefe immer wieder beklagte. War es wirklich Großmann, zu dem er anfangs doch so ein freundschaftliches Verhältnis pflegte, der Neefe in Bonn einen bösen Streich gespielt und seine Sachen mit Arrest belegt hatte? Oder waren es eher Angriffe vonseiten seines neidischen Theaterumfelds, denen Neefe im Laufe seines Lebens immer wieder ausgesetzt war? Kommen wir wieder auf Neefes Lebenslauf zurück, wo er doch ziemlich am Anfang der Autobiografie, in seinem jugendlichen Leichtsinn, einen Advokaten als Religionsspötter bezeichnet, und sich ebenso über die Unzulänglichkeiten der Kantoren beschwert. Hier aber möglichst versucht deren Namen zu verschweigen, oder es doch eher auch Rochlitz war, der aus Pietätgründen, aber auch um Neefes Ehre zu retten, die Namen der Verursacher gestrichen hatte. Wie eben auch Neefes berechtigtes Werturteil über die Schauspieler: „Die meisten Schauspieler handeln aus Imagination, Instinkt und Egoismus!" Das Neefes, teils scharf kritisierende, aber auch sarkastischen Äußerungen gegen so genannte Widersacher, die nicht seinen moralischen Grundsätzen entsprachen, vonseiten Rochlitz gekürzt, oder gänzlich gestrichen wurden, geschah aber eher aufgrund einer Raumersparnis für seine Zeitung, wo er im Wesentlichen dem biografischen Teil Neefes veröffentlichte, aber weniger seine eigene Meinung über bestimmte Personen zum Ausdruck bringen wollte. Das Neefe bereits seine ersten Niederschriften 1782 entworfen, also im Alter von 34. Jahren, ist uns aufgrund einiger Recherchen bekannt. Und dass seine Worte, während seiner hypochondrischen Anwandlungen, aber auch aufgrund des Wegzugs aus Sachsen, hier eher bitterer klingen, als die zu Anfangs seiner Leipziger Zeit, dies beweisen uns ebenso viele seiner erhaltenen Briefe. Des Weiteren zu bedenken wäre, dass die Niederschriften Neefes bereits in einer Zeit entstanden, wo auch der junge Beethoven schon sein Schüler war, und dieser Unterricht, ebenso aufgrund seiner zunächst schlecht gestellten finanziellen Situation erfolgte, ist nicht auszuschließen. Somit stellt sich aufgrund des gesundheitlichen und stressbelasteten Zustands Neefes die Frage: Wie konnte Neefe für den jungen Beethoven überhaupt ein charakterstarkes, pädagogisch überzeugendes Vorbild, ebenso ein geistiger und menschlicher Mentor gewesen sein, und die Verantwortung für seine musikalische Ausbildung übernehmen? Auf die Tatsache hin, dass Neefes Überzeugungen, Ansichten und Lehren den Schüler maßgeblich prägten, daraufhin verweisen alle Beethoven Biografien. Doch wie viel Gewicht man dieser Angaben beimessen kann, lässt sich aufgrund fehlender Beweise nicht erklären. Wo nur zu beobachten wäre, dass Neefe selbst in den seinerzeit handgeschriebenen Lebenslauf auf den genaueren Unterrichtsvorgang, und wie oft er stattgefunden habe, nicht detailliert eingeht, geschweige denn das er den Unterricht mit seinem so begabten Schüler Beethoven in seiner Autobiografie erst gar nicht erwähnt! Mag hier Wegelers Aussage vielleicht eher zutreffender sein, wenn er die Behauptung aufstellt, das Neefe wenig Einfluss auf unseren Schüler Beethoven hatte, und hier außerdem der Unterricht auch immer nur sporadisch stattgefunden habe. Doch wir wollen hier keine weiteren Hypothesen aufstellen, da auch selbst die Aussagen Beethovens doch sehr widersprüchlich sind, wo er sich unter anderem bei seinem Freund Wegeler darüber beklagt, das Neefe ihn in seiner Kindheit etwas zu streng beurteilt habe. Umgekehrt aber voll des Lobes gegenüber seines Lehrers ist. Doch selbst dann, würden wir den Aussagen Wegelers und den Widersprüchlichkeiten Beethovens mehr Bedeutung beimessen, so müssten wir ohnehin in der gesamten Beethovenforschung, die durch zwei Jahrhunderten entstandenen Überlieferungen, beginnend mit Alexander Wheelock Thayer zum Thema „Beethovens Lehrer" noch einmal revidieren. Denn selbst in der ersten Ausgabe (1840) der Anton Schindler Biografie lesen wir folgenden Wortlaut: *Von dem Hoforganisten Nefe wollte Beethoven wenig oder gar nichts profitirt haben.* Welches somit die Frage aufwirft, warum ist Christian Gottlob Neefe als Beethovens Lehrer in die Geschichte eingegangen? Wo er doch als Musiker und Komponist ebenso erfolgreich war, und ihm in erster Linie eine

Würdigung als Künstler doch eher zuzugestehen wäre. Wenn man sich also mit der Thematik hier intensiver auseinandersetzt so wirft sie doch viele Fragen auf.

-

Das Neefe während der Zeit am Theater vielen Intrigen ausgesetzt war, darüber weiß er selbst in seinem Lebenslauf zu berichten. Vergleichen wir Bonn hingegen mit seiner Leipziger Zeit, so mag diese durchaus eine glücklichere gewesen sein. Allein die ersten Begegnungen mit Adam Hiller waren nicht nur prägend für die gesamte künstlerische Entwicklung für den jungen Neefe, sondern erste musikalische Aufträge waren hier ebenso von Erfolg gekrönt. Mit dem Singspiel *Der Dorfbarbier* von Johann Adam Hiller, wo Neefe mit einigen Kompositionen zu diesem Singspiel beigetragen hatte, war Hiller zwar voll des Lobes, aber diente Neefe hier anfangs nicht doch eher als Handlanger für Hillers musikalische Werke? Die kurz darauf folgenden musikalischen Singspiele, die Neefe eigenständig komponierte, sind von Hillers musikalischer Stilrichtung zunächst kaum zu unterscheiden. Natürlich war Hiller andererseits ein guter Lehrmeister und eine Inspirationsquelle für den jungen Musiker, aber wer sich intensiver mit Neefes musikalischen Singspielen auseinandersetzt, der gewinnt doch eher den Eindruck, das er hier durch die Beeinflussung, damaliger zeitgenössischer Komponisten, seinen wahren Musikstil zu Anfangs eigentlich nie richtig gefunden hatte. Wo Neefes gesamtes Frühwerk zwar sehr dem musikalischen Charakter des damaligen Musikstils entspricht, so ist jedoch der musikalische Einfluss seines großen Vorbilds Hiller nicht zu verleugnen. Außerdem war Christian Gottlob Neefe zeit seines Lebens mit Theaterfragen beschäftigt, wo er musikalische Einlagen komponierte, an den täglichen Proben teilnahm, am Abend noch dirigierte oder selbst mitmusizierte. Hiermit blieb ihm eigentlich kaum die Zeit um sich kompositorisch ganz zu entfalten. Es ist natürlich keineswegs anzuzweifeln, dass Neefe nicht ein tüchtiger, begabter, und zu seiner Zeit ein ebenso erfolgreicher Musiker und Komponist war, aber von dem musikalischen Charakter, der oft erwähnten kompositorischen Handschriften, eines Bachs, Händels, Haydns, Mozart und Beethovens war er doch weit entfernt. Würden wir doch Neefe eher als musikalischen Handwerker bezeichnen - dessen sehr umfangreiches Musikwerk durchaus von musikalischer Präzision und Schönheit geprägt. Aber viele Umstände in Neefes Leben sprachen dagegen, da der Freiraum, den er für seine musikalische Entfaltung gebraucht hätte, durch Familie und viele private Sorgen doch eher eingeengt war. Seine Gemütserkrankungen, die Instabilität seiner Gesundheit, trugen ein Weiteres dazu bei. Die ständige Sorge um die Familie, die er zu ernähren hatte, wo er dem täglichen Broterwerb nachgehen musste, und oft ebenso dazu gezwungen wurde, irgendwelche musikalischen Aufträge entgegenzunehmen, die nicht seinen Vorstellungen und Prinzipien entsprachen. So beklagt sich Neefe in einem Brief vom 23.Juli 1784, geschrieben an seinen teuersten Freund Großmann mit folgenden Worten: *„Aber Weib und Kinder? - Wahrlich! Ein Künstler sollte gar nicht, oder nicht eher heiraten, bis er seines irdischen Geschickes gewiss ist".* Somit geben seine eigenen Worte Auskunft darüber, das eben auch die Ehe eine seelische Zwangsjacke für ihn war, wo er allein um die Sorge seiner Familie, oft notgedrungen, neben vielen anderen Verpflichtungen, eine Lehrtätigkeit ausüben musste, nur des Verdiensts wegen. Der ständige Druck von außen, die vielen Fehlschläge, zum großen Teil auch durch den Krieg bedingt, die er im Laufe seines Lebens erdulden musste, und seine körperlichen Gebrechen, führten oft dazu, dass alle Kreativität zunichte gemacht wurde. Seine Verbitterung, die anhand seines Lebenslaufs und in seinen Briefen nachzulesen ist, verdeutlichen, dass Neefe ein Gefangener in sich selbst war. Vielleicht hätte er wirklich noch Größeres so wie sein berühmter Schüler Beethoven schaffen können, wäre er frei gewesen. Und doch kann man in Neefes späteren Kompositionen, eine für ihn typische, charakteristische und kompositorische Entwicklung beobachten, die in schönster, lyrischster und in harmonischster Form in seiner gesamten Vokalmusik ihre eigenständige Ausdrucksform findet. Und wo auch erst in späterer Folge in der Vertonung Klopstocks Texte und Herders, und überhaupt in der gesamten Liedvertonung, seine wahre Musikalität, aber auch die in sich schlummernde Genialität uns verdeutlicht, dass Neefe musikalisch durchaus fähig war Bedeutsameres zu schaffen. Denn die bereits schon 1773 veröffentlichten *Zwölf* Klaviersonaten, die des damaligen barocken Einflusses, und der üblichen klassischen Dreisätzigkeit entsprachen, lassen bereits Neefes musikalische Vielseitigkeit nicht nur erahnen, sondern überzeugen uns von seiner wahren Genialität, die weniger in seinen Singspielen uns Ausdruck verleiht, aber doch eher in seinen gesamten Instrumentalwerken, wo uns die Hochblüte der Klassik verdeutlicht und repräsentiert wird. Im Gegensatz zu der Aussage von Rochlitz der Neefes Kompositionen ohne den Glanz eines Genius bezeichnet, so mag doch die Kritik nicht ganz gerechtfertigt, denn immerhin hat sich Neefe unumstritten mit einigen seiner Werke durchaus einen Platz in der Musikwelt geschaffen.

-

Hillers persönlicher Einfluss auf Neefe

Johann Adam Hiller war 20 Jahre älter als Neefe, und kam als Sohn eines Dorfschulmeisters und Gerichtsschreibers ebenso aus ärmlichen

Verhältnissen. Er hatte in Leipzig an der juristischen Fakultät Lesungen gehört und war unter anderem mit Gellert bekannt, dessen Vorlesungen in Moralphilosophie später auch Neefe besuchte. Auch hier beobachten wir eine gewisse Parallele zum jungen Beethoven. Der durch seinen Freund Stefan Breuning ebenso dazu angehalten wurde an den Vorlesungen in Moralphilosophie an der Bonner Universität teilzunehmen. Des Weiteren ist zu erwähnen, Johann Adam Hiller hier nicht zu verwechseln ist mit dem bekannten Komponisten, Dirigenten und Musikpädagogen Ferdinand Hiller (*24.10.1811 in Frankfurt am Main; +11.05.1885 in Köln), zu dem Beethoven in den späteren Jahren und zu dessen Frau Elisabeth Röckel eine sehr freundschaftliche Beziehung pflegte. Die Familie Hiller die mit deren 15.jährigen Sohn Beethoven 1827 noch an seinem Sterbebett besuchten, so überliefert durch Schindler, baten in Gedenken an den großen Tonkünstler um Erlaubnis, vom Haupte des Meisters eine Locke abschneiden zu dürfen. Diese Locke, die von Generation zu Generation weiter vererbt wurde, soll dann laut weiterer Gerüchte zufolge, dann in vierter Generation in London bei Sotheby versteigert, und bis nach Kalifornien gelangt sein. Ob es sich hier um die Originallocke Beethovens handelt ist bis heute sehr umstritten und immer noch fragwürdig. In den späteren Jahren war Ferdinand Hiller als Dirigent in Düsseldorf und Köln beschäftigt wo er danach 1851 - 1852 die Leitung an der „Opéra Italien" in Paris übernahm. Ob hier ein entferntes verwandtschaftliches Verhältnis zu Johann Adam Hiller bestand, konnte inzwischen widerlegt werden. Adam Hiller sowie sein Namensvetter widmeten sich voll und ganz der Musik, wo der Thomaskantor Hiller zu einer Autorität des Leipziger Musiklebens wurde. Aufgeschlossen gegenüber allem Neuen - auch in theoretischer Hinsicht, unterstützte er hauptsächlich deutsche Tendenzen in der Musik und auf der Bühne. So wie Neefe schwankte auch er zunächst zwischen einer juristischen und musikalischen Laufbahn, wo er neben einer Ausbildung in Klavier und Generalbass (1746) unter der Leitung von Gottfried August Homilius, dann 1751 an der juristischen Fakultät der Universität Leipzig immatrikulierte und hier außerdem Kontakte zu Johann Christoph Gottsched, ebenso zu Christian Fürchtegott Gellert knüpfte. Das diese Gleichgesinntheit der Männer sich hier auch auf Neefe übertrug ist kein Zufall, da deren humanistisches Denken ebenso auch prägend für den weiteren Lebensweg Neefes von großer Bedeutung war. Im Hause Hillers, wo der junge Neefe

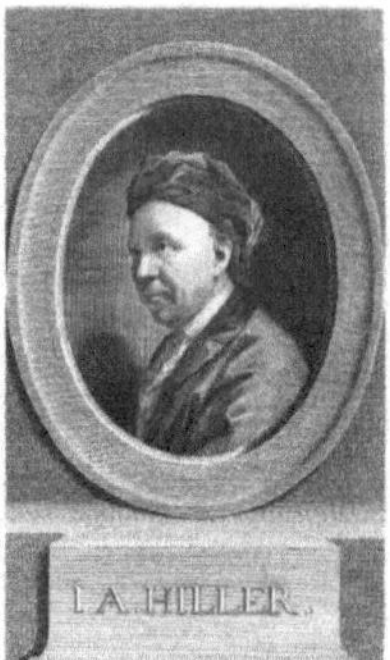

Johann Adam Hiller von Geyser
nach einem Gemälde von Anton Graff

um ein „geringes Kostgeld" im Kreise der Familie aufgenommen wurde, herrschte eine entspannte und humanistische Atmosphäre, wo er edle Handlungsweisen und die Treue von Freunden, als auch die menschliche Güte schätzen gelernt hatte. Kein Wunder also, dass Neefe nach derartigen Erfahrungen später recht enttäuscht über „viele niederträchtige Personen" klagte, die er zwar überall, insbesondere jedoch in Theatergruppen und an Höfen vorfand. Das Neefe in diesem Intrigantenstadel nicht gerade sehr glücklich war erklärt sich von selbst. Es stellt sich aber die Frage: Warum ist er dann überhaupt zum Theater gegangen - war es vielleicht doch eher eine Notwendigkeit? Hiller wurde für Neefe in allen Belangen zum gebildeten Ratgeber, der vor allen in Gesprächen, über musikalische Dinge und philosophischen Anschauungen, seinen Schüler unterrichtete, um seinen Charakter und seine Gesinnung zu stärken. Auf welche Weise er sich allerdings sein musikalisches Rückzeug erwarb konnte bisher nicht eindeutig widerlegt werden. Denn Neefe war im wesentlichen Autodidakt, wo hier die Nachahmung von Vorbildern, wie insbesondere Bach, seine eigentlichen Studien - und Arbeitsmethoden waren. So ist ebenso, wie bereits erwähnt, der musikalische Einfluss Hillers in Neefes ersten Kompositionen immer wieder herauszuhören. Seine musikalische Eigenständigkeit entwickelte sich doch eher in der Vokalmusik aber nur selten in seinen Singspielen. Ebenso wie Hiller komponierte Neefe auch sakrale Musik, und es ist nicht abzustreiten, dass hier beide außerdem auch sehr unter dem starken Einfluss von Bach standen. Nicht zu vergessen das die Bachsche Schule des damaligen 18. und 19.Jahrhunderts das Nonplusultra und als Grundsatz in der gesamten musikalischen Ausbildung galten, woran zum Glück bis heute sich nichts geändert hat. Kaum wegzudenken, wenn nicht Bach, Händel, Haydn, Mozart und Beethoven Jahrhunderte als Vorbilder gedient, und in der gesamten Musikgeschichte ihren Platz eingenommen hätten - was wäre dann entstanden? Denn auch erst in der Berührung der mozartschen Kompositionen schien Neefes musikalische Entwicklung ihre eigene Bedeutung zu finden. Erkannte er offenbar schon sehr frühzeitig die besonderen Qualitäten der Mozartschen Opern, wo er die gesamten Klaviertranskriptionen, als theaterpraktische, und als Verbreitung fördernder Arbeiten, hier die Neubearbeitungen für Klavierauszüge (Verlag Simrock, Bonn 1800) übernahm. Mozart der acht Jahre später als Neefe geboren wurde und sieben Jahre vor Neefes Tod verstarb (+5.12.1791), so schien was die kompositorische Weiterentwicklung Neefes betraf, hier neben Bach, ebenso Mozart das musikalische Bewusstsein des Komponisten geprägt zuhaben. Und doch war es in erster Linie Hiller unter dessen Einfluss Neefe stand und wo er an Stelle von Hiller das Engagement als Musikdirektor bei der Seylerschen Schauspielergesellschaft übernommen hatte. Ob es

Berufung, aber mehr oder weniger eine Notwendigkeit war, um eben nicht als freischaffender Künstler so wie viele Zeitgenossen seinerzeit brotlos zu sein, ist nicht nachzuvollziehen. Mögen allein die Existenzängste durch das Elternhaus geprägt, der Anlass gewesen sein, dass Neefe immer bemüht und versucht hatte, eine feste Anstellung am Theater zu finden. Hier später auch gegenüber seiner Familie er die Verantwortung übernehmen musste in einem festen Arbeitsverhältnis zu stehen. Nach der Seylerschen Truppe war er 17 Jahre als Musikdirektor des Bonner Hoftheaters unter Großmann engagiert, und somit bis zu seinem Lebensende, einschließlich Leipzig und Dessau eigentlich immer am Theater tätig war. Galten ihm doch schon als junger Jusstudent der Umgang mit der kunstsinnigen Leipziger Gesellschaft und dem verehrten Thomaskantor Johann Adam Hiller mehr als das Studium der Prozessakten. Vielleicht mag sich auch Neefe zu anfangs fürs Theater wahrlich begeistert haben, indem man als Leser hier im Glauben gelassen wird, dass die Zusammenarbeit im gesamten Theaterbetrieb mit den Künstlern, trotz vieler Intrigen, Neefe das Leben zwar erschwerten, aber umgekehrt auch mit Freuden verbunden war. Was seine Hypochondrie betraf, so waren ähnliche Symptome auch bei Hiller zu beobachten, laut Aussage von Zeitzeugen und Beschreibung Neefes, wo sich beide Freunde im selben Leiden fanden. Hiller der ein Förderer des deutschen Gesangs, und dessen erfolgreiches Wirken in der Musik von Aufklärerischen Gedanken geprägt waren, und dem es als weiteres zu verdanken war, dass die Tonkunst zu einem anerkannten und blühenden Zweig des gesellschaftlichen Lebens wurde; bekannt als der Meister des mitteldeutschen Singspiels, galt ebenso als der erste Dirigent des Leipziger Gewandhausorchesters (1781), wo heute neben Werken von Bach, Dittersdorf, Telemann und vielen anderen, auch viele seiner Werke immer wieder aufgeführt werden. Johann Adam Hiller verstarb am 6.Juni 1804 in Leipzig, wo ein nicht endender Trauerzug, begleitet von vielen Freunden und Persönlichkeiten aus der damaligen Musikwelt, den so beliebten und unvergleichbaren Tonkünstler und Musikschriftsteller zu Grabe getragen haben.

-

Neefes Frauenkreis

Die erste Frau im Leben eines Mannes ist meistens die eigene Mutter. Interessant ist nur, dass sie in Neefes Lebensbeschreibung überhaupt nicht erwähnt wird. Ist hier doch immer eher über seinen „guten ehrlichen mich zärtlich liebenden Vater" die Rede. Außerdem wenn er schreibt, so immer nur über seine Familie in der Mehrzahl, über seine „arme bedauernswerte Familie" wo offensichtlich die Mutter und

Geschwister mit eingeschlossen sind. Es gibt also keinerlei Beweise darüber, dass Neefe ebenso zu seiner Mutter ein zärtliches Verhältnis pflegte, umgekehrt wie Beethoven zu seiner Mutter, die er abgöttisch liebte „sein Engel, sein alles, sein Ich!", und wo er selbst noch nach ihrem Tod, viele Jahre um sie trauerte, und hier vermutlich auch versuchte, in seinen späteren Frauenbeziehungen in denen ein Ebenbild seiner Mutter zu finden. Neefe war also keineswegs ein Muttersöhnchen der an Mutters Rockschürze hing, wo er sich doch offensichtlich dem Vater mehr hingezogen fühlte, der hier als Autoritätsperson eindeutig das „Sagen" und über die Geschicke seiner Kinder zu entscheiden hatte. Neefes Mutter, eine geborene Johanna Rosina Weyrauch, und die Tochter eines Zeug - und Leinewebers wurde am 22.Oktober 1724 in Chemnitz in der Kirche St. Jacobi getauft, und heiratete am 20.September 1745 den damals 22.jährigen Schneider Johann Gottlieb Neefe. Über die eheliche Beziehung beider gibt es keinerlei Auskünfte, aber selbst wenn man der wahrheitsgetreuen Überlieferung Neefes Glauben schenken darf, so lässt es doch vermuten, dass diese Ehe anfangs sehr glücklich verlief. Jedoch aufgrund der Sterblichkeit einiger Kinder und durch die täglichen Alltagssorgen, die Mutter sich hier doch eher passiv in privaten Belangen verhielt, und um des Frieden willens „der häuslichen Not gehorchend" sich dem Mann unterordnete. In einer Zeit wo Frauen schon allein von der Erziehung her, keine anderen Aufgaben zu erfüllen hatten, als Kinder in die Welt zu setzen und den Haushalt zu führen, so mag sich dies im Elternhaus Neefes wohl nicht viel anders abgespielt haben. Obwohl das Kind Christian Gottlob zwar wohlbehütet eine familiäre, harmonische Atmosphäre zu spüren bekam, mangelte es aber oft an zärtlichen Zuneigungen , weil wie auch in anderen Arbeiterfamilien, einfach die Zeit dazu fehlte. Selten wurde auch hier vermutlich eine menschliche Rohheit an den Tag gelegt, nicht nur vonseiten der Eltern, sondern auch oft von den Lehrern, die durch die sehr strengen pädagogischen Erziehungsmethoden nicht selten psychische als auch psychosomatische Probleme bei den Kindern auslösten. Das Neefe in der so übertriebenen Beschreibung über den Vater, welches möglicherweise durch eine Art Wunschvorstellung in einem kindlichen - aber auch jugendlichen Fantasiegebilde entstand, wäre nicht auszuschließen. Da Kinder insbesondere bei schlechten sozialen Verhältnissen oft in ihrer eigenen Traumwelt leben. Inwiefern die liebenden Eltern, der treu sorgende, liebende und zärtliche Vater, der von Alltagssorgen geplagt, sich der Erziehung des Kindes annehmen konnte, ist aufgrund von Beweisen nicht nachvollziehbar. Dass es aber vermutlich im Hause Neefes ganz anders ablief, als von Neefe selbst überliefert, und hier doch einige Widersprüchlichkeiten zu beobachten sind, wurden bereits durch sehr gründliche Recherchen widerlegt. Wie würde sich ansonsten die Ursache seiner Krankheiten erklären? Sein stets fortdauerndes hypochondrisches Verhalten bereits beginnend im frühen Pubertätsalter, welche von Halluzinationen und Selbstmordgedanken begleitet waren? Deuten sie einzigallein daraufhin, dass der Urkern dieser Erkrankungen, eindeutig auf seine schweren Kinder - und Jugendjahre zurückzuführen ist.

Erinnern wir uns des Weiteren an die ebenso spätere Werther - Stimmung in Bezug zu Demoiselle Wendt, über die oft seelischen Qualen des jungen Neefe, wo seine Stimmungen oft himmelhoch jauchzend und dann aber wieder zu Tode betrübt waren. All diese Gemütsschwankungen verdeutlichen uns Briefe aus dem Jahre 1775. Zu dieser Zeit pflegte Neefe ein sehr innigliches Verhältnis zu der Tochter des Chemnitzer Bürgermeisters Wendt, wo er der Angebeteten die gedruckten „Lieder mit Klaviermelodien" widmete mit folgenden Worten: dem „himmlischen Mädchen" mit dem „kleinen küssenswerten Mund". Das die hier Angebetete auf den „Unglückseligen" durchaus einen sehr positiven Einfluss ausübte ist unumstritten. Dennoch die in den Jahren zwischen den 5. Januar und 10. April 1775 sowie zwischen den 25. Juni 1775 und 27. Januar 1776 verfassten Briefe, wo er sich bereits seit dieser Zeit schon in Leipzig aufhielt, lassen auf einen Charakter vermuten, wo hier der einerseits Himmelhochjauchzende und doch oft zu Tode betrübte Verehrer, psychisch doch eher labil und ein in sich Zerrissener war. Doch inzwischen wissen wir, dass diese Psyche genetisch bedingt und vererbt durch seinen Vater war. Denn umgekehrt konnte Neefe sehr frohgelaunt, humorvoll und ein sehr unterhaltsamer Geselle sein. Das diese Gemütsstimmungen jedoch ebenso bedingt durch Erfolg, aber auch Misserfolg und bestimmten Stresssituationen der eigentliche Auslöser für sein oft depressives Verhalten waren, ist nicht auszuschließen. Denn vergessen wir nicht, das Neefe zeit seines Lebens gegen die Intrigantenwirtschaft der Kollegen und gegen die Ungerechtigkeiten vonseiten der Theaterdirektoren ankämpfen musste! Obwohl anfangs die so positive Zusammenarbeit mit der Seylerschen Theatertruppe, durchaus seelisch, aber auch finanziell zunächst dazu beigetragen hatte, dass sich seine Stimmung nicht nur in den tiefsten Klüften der Dunkelheit befand. Hier beschwert sich Neefe aber ebenso darüber:*„Beym Theater fand ich viele niederträchtige Personen, wenige, die ihrem Stand Ehre machten"*. Man würde fast meinen, das Neefe ein ständiger Querulant war - ein mit sich selbst ständig Unzufriedener. Denn seine allgemein negativen Aussagen über den Theaterbetrieb sprechen oft Bände. Aber er hatte diese Heimstatt freiwillig gewählt. Ob das nun wegen der schönen Sängerinnen war ist nicht anzunehmen. Denn als Moralapostel verabscheute er alles Ausschweifende, wollüstiges Begehren, die

Unsittlichkeit und die starke Sinnlichkeit, schon während seiner Studentenzeit als er noch Juristerei studierte.

-

Neefes erste Liebe in Chemnitz, schien ihm doch so einige Hoffnungen zu machen. Denn offenbar beabsichtigte er sein „himmlisches Mädchen" zu heiraten. Ihr allein widmete er einen ganzen Liederzyklus mit folgender Widmung: *„Hier, theuerste Freundin, widme ich Ihnen die Früchte einiger gefühlvollen Stunden, als ein kleines Opfer der Dankbarkeit für die Freundschaft und Gewogenheit, deren Sie und Ihre vortreffliche Aeltern mich gewürdigt haben. Ihr edles, empfindendes Herz wird den Dichtern der meisten Lieder in der gegenwärtigen Sammlung seinen Beyfall nicht versagen können. Und welch Glück für den Tonkünstler! Wenn Sie einige Sympathie zwischen seinen Melodien und diesen Liedern finden sollten. Aber welch noch weit herrliches Glück! Wenn ich mich der Fortdauer Ihrer Freundschaft versichern darf. Und warum dürft ich das nicht? Die Festigkeit Ihres liebenswürdigen Caracters lässt mich nicht einen Augenblick zweifeln. Ich werde bis an das Ende meiner Tage unaufhörlich seyn Ihr ergebenster Freund Christian Gottlob Neefe."(Leipzig am 28.Febr.1776)* Das hier offensichtlich eine zutiefst empfundene Verbundenheit zwischen beiden bestand, ist nicht abzustreiten, bezeugen doch das 1.Lied *An Eh**** in den Liederzyklus (3.Strophe) mit folgenden Worten: *„Wie meine Seele Wonnetrunken ganz in die Deine fließt, warum ich, In Dein Gespräche tief versunken, Nichts hör und seh' und denk, als Dich."* sehr offenkundig, dass der hier so Hoffende über beide Maßen verliebt in sein so „himmlisches Mädchen" war, um sogar mit ihr den Bund der Ehe zu schließen. Warum es hier dann doch zu einer Trennung kam ist nicht nachzuvollziehen. Vermutlich des Standesdünkels wegen vonseiten der gut bürgerlichen Eltern, die hier für einen Bruch zwischen zwei Liebenden verantwortlich waren, und wo beider Liebesschmerz um einige Wochen anhielt, aber insbesondere den Verschmähten in tiefste Depressionen verfallen ließ. Mag er wohl nicht standesgemäß als Musiker für die Eltern gewesen sein. Denn gerade in den aristokratischen aber auch gutbürgerlichen Kreisen galten Musiker doch eher als eine Art Unterhaltungskünstler ohne einen sicheren Broterwerb. Als Musiker in eine bürgerliche oder aristokratische Familie einzuheiraten war zur damaligen Zeit undenkbar und wäre ein Skandal für die Gesellschaft gewesen. Waren doch ähnliche Situation hier in der Beziehung zwischen Beethoven und

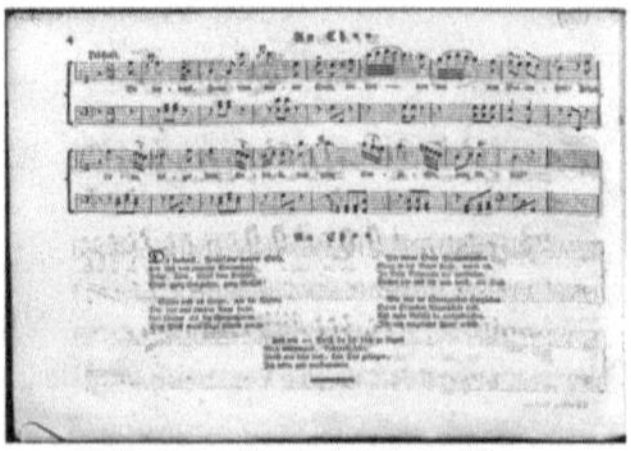

Neefes erster Jugendliebe Demoiselle Wendt gewidmet

Josephine Brunswick zu beobachten, sie, die als „unsterbliche Geliebte" in die Geschichte eingegangen ist, musste hier aufgrund des Standesunterschieds auf ihr wahres Glück verzichten. Welches aber umgekehrt die Frage aufwirft, ob in Beethovens gesamten Frauenkreis, Josephine als „unsterbliche Geliebte" in der internationalen Beethoven - Forschung als Kandidatin überhaupt einzureihen wäre. Da wir bis heute keine definitiven Beweise, so wie bereits in meiner Beethoven Biografie 2015 beschrieben, widerlegen können. Ebenso können wir auch über Neefes wahre Beziehung zu Demoiselle Wendt wenig aussagen. Des Weiteren sollten wir in Betracht ziehen, dass der Verdienst des jungen Musikers Neefe, der zu dem Zeitpunkt noch ohne feste Anstellung war, gerade einmal zum Leben reichte, und wo er gezwungenermaßen seine vielen beruflichen Reisen meistens selber finanzieren musste. Wie hätte er unter diesen gegebenen Umständen überhaupt eine Familie ernähren können? Jedoch hatte dann Neefe, nach kurzer Zeit des Trauerns offensichtlich seinen Liebesschmerz wieder schnell überwunden, wie er humorvoll, mit einem gewissen Zynismus in seinen „Dilettanterien" schreibt:

„Die sächsischen Mädel sind niedlich und schlau;
Doch nehm' ich kein sächsisches Mädel zur Frau...
Ich frei mir ein Mädel nach meinem Geschmack
Und kaufe nicht gern die Katze im Sack,
Drum nehm' ich ein Weibchen vom herrlichen Rhein,
und das soll ein bonnisches Ännchen seyn..."

–

Da der nun inzwischen Achtundzwanzigjährige, der seit 1776 bereits als Musikdirektor bei der Seylerschen Schauspielgesellschaft, somit in einer höheren Position auch finanziell nun besser gestellt war, entschied sich dann doch letztendlich gegen ein rheinisches Mädchen. Hatte er doch seit einiger Zeit ein Auge auf Demoiselle Zink geworfen, die aus einem Dorf, gelegen bei Gotha stammte, und wo jene seine heimliche Geliebte wurde. Da nun Seyler aber seine Bühne abwechselnd in Frankfurt am Main, Mainz, Köln, Hanau, Mannheim und Heidelberg aufschlug, so kam es aufgrund der wandernden Theatergesellschaft zwar immer nur zu kurzweiligen Treffen, bis sich Neefe nach zwei Jahren nun endlich entschloss, auf Anraten des Kapellmeisters Georg Benda, sein so zauberisches Mädchen, welches voller Anmut und Zärtlichkeit war, am 17. Mai 1778 in Frankfurt zu ehelichen. Zeitzeugen wissen zu berichten, dass sie charakterlich und optisch ein sehr verschiedenes und merkwürdiges Paar gewesen sein müssen. Denn Neefe war ein schwächlicher, verwachsener Mann, mit großen intelligenten Augen und hoher Stirn, wie uns das ein von Rosenberg bekanntes Kupferstich - Porträt zeigt, und sie dagegen groß und schlank gewachsen, die in der

Darstellung von Heldenrollen durchaus eine Persönlichkeit auf der Bühne darstellte. Hier gemäß einer Kritik der Frankfurter Zeitung folgender Wortlaut: „Mademoiselle Zink, eine große Person, sehr musikalisch, singt recht artig. Je unbedeutender die Personage ist, die sie vorstellt, je weniger gefällt sie, wenngleich ihre Rolle noch so schön wäre"... Seyler zu Liebe trat Madame Zink übrigens auch in ernsthaften Balletten auf. Ob sie jemals eine Tanzausbildung genossen hat ist uns weniger bekannt. Das Madame Neefe neben ihrem Mann, auf der Bühne ebenso sehr erfolgreich war, davon zeugen einige Kritiken aus jener Zeit. In den ersten Briefen, der die Eröffnungsvorstellung „Emilia Galotti" am 14.Mai 1777 in Frankfurt behandelt, heißt es wie folgt: „Mademoiselle Zink, die erst ein ½ Jahr bei der Bühne ist, und in der Rolle der Claudia zum zweiten Mal erst auftrat, übertraf gleichfalls alle Erwartungen, besonders im 7. und 8.Auftritt des 3.Aufzuges. Das Gleichnis von der Löwin, der man ihre Jungen beraumt, und die es nichts kümmert, in wessen Walde sie brüllt, passt vollkommen auf sie. Was kann nicht mit der Zeit erst, da sie in so wenig Monaten sich die Lehren und das Beispiel der Madame Seyler so praktisch zunutze gemacht hat, aus dieser kaum eingekleideten Priesterin der Melpomene werden!" Am nächsten Tage, dem 15.Mai 1777, wurde die Alceste von Schweitzer - Wieland aufgeführt. Wo mit folgenden Wortlaut die Zink ebenso gelobt: „Mad. Zink als Alceste wusste, die sanfte, liebevolle Gattin vollkommen vorzustellen und sang für eine Anfängerin recht gut. Nur für das Leben ihres Admets besorgt, sang sie die Arie „Zwischen Angst und zwischen Hoffen" mit der größten Wahrheit; Mademoiselle Zink hat von der Natur alles erhalten, was in Alcesten mir versprach; ein hübscher Wuchs, ein majestätischer Gang, eine sanfte, liebevolle Miene kleidete sie als Königin und Admets Gattin sehr gut. Mit dem nötigen Feuer verbindet sie ein richtiges Gefühl, deklamiert und singt recht gut; doch scheint mir ihre Hauptstärke im Adagio zu stecken, und das ist meines Erachtens sehr viel." Weniger rühmlich dagegen war das Urteil eines Schreiberlings unter dem Pseudonym Abraham Peibe in Wien, welches in der „Galerie von Teutschen Schauspielern und Schauspielerinnen" 1783 erschien. „Ist musikalisch und singt recht gut, hat aber eine unangenehme Stimme. Ihre Figur, die beinahe fürs Theater zu groß ist, würde sie fürs tragische Fach bestimmen, wenn ihr Anstand edel genug wäre und sie ihrem Spiel Würde geben könnte. Sie spielt mit Empfindung und zuweilen mit Feuer und Wahrheit." Möge der Schreiberling die volltönende deutsche Aussprache der Protagonistin vielleicht als unangenehm empfunden haben, so waren doch umgekehrt die Beurteilungen der Kritiker durchaus sehr positiv, wo insbesondere die ausgezeichnete Interpretation und Aussprache von Mademoiselle Zink in den Rezensionen hervorgehoben wurden. Das freilich auch nie ihr Fach war die jugendlichen Liebhaberinnen zu spielen, sondern die Zink sich doch selbst als Dramatische beurteilte, so sie auch später in Bonn die einerseits zärtlichen, aber doch eher dominanten Mutterrollen darstellte. Ob sie im Privatleben ebenso dominant wie auf der Bühne war, entzieht sich unserer Kenntnis. Umgekehrt überzeugt uns aber der Beweis, dass Christian Gottlob Neefe hier doch eher als Familienoberhaupt und Autoritätsperson ein strenges Regiment führte. So schreibt er denn selbst im „Resultat der Beobachtung meiner selbst" folgenden Wortlaut: *„Ich liebe meine Familie und halte sehr streng auf Zucht und Ordnung in meinem Hauswesen. Ordnung lieb' ich überhaupt und fordre sie von allen denen, mit welchen ich in Verbindung stehe. In der Ehe leb' ich enthaltsam. Durch eheliche und freundschaftliche Verhältnisse lasse ich mich nicht gern in allgemeinen Pflichten stören."* Ob aufgrund dieser Aussagen von Neefe selbst, er hier vielleicht als Disput zu bezeichnen wäre, auch darüber können wir keine Behauptungen aufstellen, da umgekehrt vonseiten seiner Frau er immer nur als fürsorglicher und zärtlicher Gatte interpretiert wird.

-

Demoiselle Susanne Maria Zink, als Tochter des Jeremias Zink und dessen Eheweib Martha Catharina Treysen, wird am 3.März 1751 in Warza in der St. Johannis Kirche getauft, und vermutlich wurde sie am frühen Morgen des selbigen Tages geboren. Susanne Maria Zink wurde, nach dem Verlust des leiblichen Vaters, als Pflegetochter in eine sehr kinderreiche und überaus musikalischen Familie des berühmten Hofkapellmeisters und Komponisten Georg, Anton (Jiri) Benda in Gotha aufgenommen, wo sie in dessen Hause in Klavier und Gesang unterrichtet wurde. Auf Bendas Rat hin hatte sie sich für den Bühnenberuf entschieden. Hier trat Susanne Maria bereits mit 13.Jahren beim kurfürstlichen Hofe auf, und stand einige Jahre später als Hofsängerin in Herzoglich Gotha'schen Diensten. Als Schauspielerin bei Seyler unter Vertrag, lernte sie ihren zukünftigen Mann kennen, wo sie aber Jahre später, auf eigenes Verlangen die Zusammenarbeit mit Seyler auflöste. Danach aber, unter der neuen Großmann'schen Leitung, am Bonner Nationaltheater, nachdem sich die Seylersche Schauspielgesellschaft nicht nur zerstritten, sondern total aufgelöst

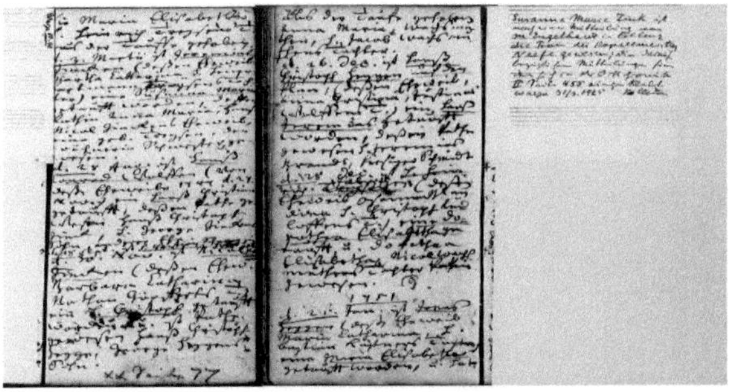

Geburtsurkunde Susanne Maria Zink
Landeskirchenarchiv Eisenach

hatte, sie in Bonn, wie bereits erwähnt, nur noch Mutterrollen zuspielen bekam. Für kurze Zeit Madame Neefe sich aus familiären Gründen aus dem Theaterbetrieb zurückzog, um ihren Pflichten als Hausfrau und Mutter nachzukommen. In seiner Autobiografie spricht Neefe immer nur in größter Bewunderung von seiner treuen Frau, und über die Liebe zu ihr. In dem von ihr warm empfundenen Nachruf, dem sie ihm widmet, spricht alles dafür, dass dieses prachtvolle Verhältnis zwischen beiden Eheleuten sehr harmonisch abgelaufen sein muss. Wo mit diesen Mitteln ausgerüstet, und durch ihr gegenseitiges Vertrauen gestützt, sie auch ohne „viel Geld und Gut" der Zukunft hoffnungsvoll ins Auge blicken konnten. Sie mag ebenso eine gute Beraterin gewesen sein, in allen Belangen, sei es im Privaten als auch im Beruflichen was ihren Mann betraf. Kümmerte sie sich doch auch um die Finanzen, da Neefe selbst zeitlebens mit Geld nie umgehen konnte. Denn überprüft man seine Handschrift genauestens anhand einer grafologischen Analyse, so muss man feststellen, das Neefe eigentlich ein sehr großzügiger Mensch gewesen sein muss, der das Geld wenn er gut verdiente auch wiederum mit vollen Händen ausgab. Sicherlich zeigte er sich auch großzügig gegenüber seinen Freunden, und vergaß nie Diejenigen die ihn in schlechten Zeiten finanziell unterstützt, und immer hilfreich mit Rat und Tat zur Seite standen. Hier Neefe außerdem über sich selbst zu berichten weiß, dass ihm Geld nie viel bedeutet habe, und ihm ebenso auch Rang und Titel gleichgültig waren, wenn sie nicht zu kräftiger Wirksamkeit beitrugen. Umgekehrt möge man meinen dass seine Aussagen im totalen Widerspruch zu seinen Beziehungen standen. Neefe der sich bewusst in erster Linie in intellektuellen Kreisen aufhielt, und nur mit einer bestimmten elitären Schicht verkehrte, welche ihm Zutritt verschaffte zu geistigen Welten wie auch der Eintritt in die Freimaurerloge, lässt darauf schließen, dass er sich insbesondere aufgrund dieser Kontakte doch eher irgendwelche Vorteile erhoffte. Das Neefe aus deren Lehren und Weltanschauungen natürlich profitieren konnte um seinen geistigen Horizont mehr erweitern zu können, konnte immer widerlegt werden. Aber trieben ihn nicht auch der Ergeiz und seine ganze Strebsamkeit dazu, indem er sich durch Förderer und Unterstützer auch berufliche Protektion erhoffte? Schon lange hatte sich sein inzwischen hoch entwickelter Geist aus den Kinderschuhen befreit, aus dem ärmlichen Elternhaus aus dem er kam, von dem weniger kulturinteressierten Gesinde in Chemnitz, wo er sich damals schon als 16jähriger über die Dummheit, Bosheit und Bigotterie der Leute, insbesondere über das Verhalten der Geistlichen aufregte. Er der sich aus eigener Kraft emporgearbeitet hatte, wurde aber weder arrogant noch überheblich, und insofern hatte er auch seine Herkunft nie verheimlicht, sondern sah sich seinen Eltern gegenüber zu tiefster Dankbarkeit verpflichtet.

-

Die erste Begegnung zwischen Neefe und der Zink muss offenbar in Heidelberg stattgefunden haben, wo sich beide näher gekommen sind. Ob es Liebe auf den ersten Blick war ist nicht nachzuvollziehen, aber es lässt vermuten, dass Christian Gottlob, nach seiner verunglückten Liebe in seiner Heimatstadt Chemnitz, nun schließlich und endlich in Susanne, Maria Zink die richtige Frau gefunden hatte. Beurteilt Neefe hier doch selbst die Beziehung mit folgenden Worten: *Ich sah keine Hoffnung vor mir, jemals mit meinem geliebten Gegenstande in Sachsen durch Hymens Bande vereinigt zu werden. Der Gram unglücklicher Liebe beugte mich zu sehr nieder; ich begann die sonstige Tätigkeit in meinem Amte zu verlieren; selbst mein Talent litt; die Neigung mit einer tugendhaften Freundin (die ich auch in meiner Gattin gefunden) den Pfad meines Lebens gemeinschaftlich zu durchwandeln, war immer stärker in mir. Dies waren die Ursachen, die mich zu dieser Heirat bewogen.* Sind dies nicht die resignierenden Worte eines Mannes, der aufgrund seiner Karriere sich im Interesse aller für eine Heirat entschied, die aber immer noch Zweifel bei ihm aufkommen ließen? Ob Neefe der sich auf Anraten von Benda offenbar in eine Ehe flüchtete um die so unglückliche Liebe mit Demoiselle Wendt zu vergessen, können wir in keiner Weise nachvollziehen. Deshalb bleibt uns nur die Wahl uns selbst auf Neefes Aussagen zu berufen, wo er in „Beobachtungen meiner selbst" zum Ausdruck bringt, dass er vielleicht nie hätte heiraten sollen! Insofern was Neefes eigene Aussagen und seinen Charakter betrifft, wir hier doch in der gesamten Literatur oft mit Widersprüchlichkeiten konfrontiert sind. Herauszufinden was Wahrheit, oder Worte, die vielleicht in seiner Wankelmütigkeit zu Papier gebracht wurden, darüber können wir keine weiteren Hypothesen aufstellen. Das aber die Ehe mit Susanne Maria Zink, dann doch bis zu seinem Tod offenbar glücklich verlaufen ist, mag wohl an das gegenseitige Verständnis beider gelegen haben. Natürlich können wir uns hier auf Neefes Aussagen und die seiner Freunde berufen, wo aber weitere Mutmaßungen uns in keiner Weise berechtigen, falsches Zeugnis über den Menschen Neefe abzulegen.

-

Und doch wissen wir sehr, sehr wenig über Neefes Frau und nichts über ihren Charakter, ihre Bildung, ihre religiösen Überzeugungen, oder über persönliche Eigenschaften. Ebenso wenig wissen wir über ihre Jugendjahre. Nach einer Tabelle über die Kurfürstliche Kabinetts-, Kapellen - und Hofmusik aus dem Jahre 1784, wird ihr Alter auf 32 Jahre bestimmt, demnach sollte sie 1752 geboren sein. Wobei aber klarzustellen wäre, dass nach meinen gründlichen und unermüdlichen

Nachforschungen sich inzwischen herausstellte, dass diese hier angegebenen Daten keineswegs der Richtigkeit entsprachen. Denn nachweislich eines Auszugs aus den Matrikel des Landeskirchenarchivs Eisenach, konnte somit ermittelt werden, nicht nur das genaue Geburtsdatum von Susanne Maria, sondern auch über die wahrlich leiblichen Eltern der Geborenen - hier mit folgendem Wortlaut: *d.3. Martii ist Jeremias Zinckens (deßen Eheweib Martha Catharina, H. Heinrich Hartmann Treysens Tochter) eine Susanne Maria getauft worden, dessen Pathin Anna Maria, Hans Nicol Zinckens Eheweib, eine geb. Treysen, der Wöchnerin Schwester gewesen.* Zu erwähnen wäre des Weiteren, was den Namen Zinckens betrifft, über den bedauerlicherweise einige Forscher drüber gestolpert sind, und hiermit die Behauptung aufgestellt wurde, das Susanne Maria nämlich Zinckens und nicht Zink hieße, unterliegt ebenso großen Irrtums. Denn nach damaligen, aber auch heutigen deutschen Sprachgebrauch, Beispiele wie die Müllerschen, Meierschen, Schulzens, ist hier ebenso auch der Name Zink in Plural schriftlich festgehalten worden. Ob sich der leibliche Vater Jeremias Zink von seinem Eheweibe getrennt oder ob er verstorben ist, bedarf weiteren Recherchen. Da es hier auch eine Begründung dafür geben muss, warum Susanne Maria vermutlich schon im frühen Kindesalter, bei den Bendas als Pflegetochter in Obhut genommen und in dessen Hause aufgewachsen ist.

Weitere nachweisliche Dokumente sind ebenso für uns überzeugend, dass Susanne Maria Zink nach der Eheschließung mehrere Kinder gebar, von denen der erste Sohn aber bereits am 14. September 1781 verstarb. Von den drei Töchtern wurde als erste Louise 1779 in Offenbach geboren. Am 3.Mai 1802 heiratete sie in der katholischen Kirche Dessau den Schauspieler und Sänger Joseph Carl Aue, den fünften Sohn des Görzinger Amtmanns. Sie verstarb am 4.Januar 1846 in Dessau. In Bonn war 1782 Felice (Felicitas) zur Welt gekommen. Sie heiratete am 25. September 1800 ebenso in der katholischen Kirche in Dessau, und zwar den Schauspieler und Sänger Anton Roesner, den einzigen Sohn eines Damastwebers aus Gabensdorf in der Grafschaft Glatz, dem ehemaligen Schlesien welches heute zu Polen gehört. Das Ehepaar ging danach nach Wien an die k.u.k. Oper. Die dritte Tochter Margarete, auch Gretchen genannt, wurde 1787 ebenso in Bonn geboren und heiratete am 21.April 1807 in Dessau den Schauspieler Ludwig Devrient, er war der Onkel der Schauspieler Eduard, Karl August und Gustav Emil Devrient und Träger des Iffland - Rings. Devrient war der Sohn des Berliner Kaufmanns Philipp De Vrient und dessen zweiter Ehefrau Maria Wall. Mit Margarete hatte er eine Tochter, Emile, die spätere Ehefrau des Schauspielers Höffert. Doch Margarete Devrient erkrankte bereits ein Jahr nach der Eheschließung aufgrund der schwierigen Geburt an Kindbettfieber und verstarb im Wahnsinn. Zu erwähnen wäre noch der Sohn Herrmann Josef Neefe, getauft am 3.September 1790 in St. Ganhoff, Bonn, welcher 1804 zu seiner Schwester Felice nach Wien ging und an der Akademie der bildenden Künste Malerei studierte. Er ließ sich ausbilden zum Hoftheatermaler, wo er bis zum Jahre 1826 dem Personal des Theaters an der Wien angehörte, dann auf ein Jahr am Braunschweiger Hof seine Tätigkeit als Theatermaler fortsetzte und nach Stationen in Mannheim, München und Pest um 1830 wieder nach Wien zurückkehrte. Hier wurde er unter Direktor Johann August Stöger (+1861) ans Josefstädter Theater engagiert. Bekannt wurde Herrmann durch die Mitarbeit bei der Einrichtung der Oper „Die Zwillingsbrüder" von Franz Schubert. Über sein Sterbedatum am 24.Februar 1854 steht in der Wiener Zeitung unter „Verstorbene" folgender Vermerk: Herrmann Neefe, Theatermaler und Mitglied der k.k. Akademie der bildenden Künste, alt 63 J. St. Ulrich Nr.59, an der Brustwassersucht.

Anhand dieser detaillierten Aufzeichnungen dieser Familienchronik, ist es doch interessant zu beobachten, dass eigentlich alle drei Töchter in die Fußstapfen des Vaters Neefe bzw. in die seiner Frau Susanne Maria getreten sind. Was für eine sangesfreudige Familie müssen die Neefes gewesen sein. Er der doch mit so vielen wunderschönen Töchtern und einer fürsorglichen Frau gesegnet war, welche seelische Kraft müssen sie doch für des Vaters so oft gequältes Herz gewesen sein. Denn erst in Verbindung mit der Familie begann die Zeit des privaten, aber auch des beruflichen Erfolges. Denn im Zentrum Neefes stand das Theater, eine Welt, in der seine Kinder aufgewachsen sind, die ebenso mit einer Begeisterung an die Dinge herangingen wie der Vater. Ein alter Theaterspruch sagt: zum Künstler wird man nicht gemacht - sondern zum Künstler wird man geboren! Jedoch der richtige Wegweiser war Neefe selbst, der obwohl der Sohn eines armen Schneiders, bereits von Anfang an wusste, welchen Weg er einzuschlagen hatte. Es war seine Berufung und Bestimmung - aber auch Glück das ihn trotz einiger Schicksalsschläge nie ganz verlassen hatte.

-

Die Seylersche Theatertruppe

Im Gegensatz zu anderen führenden Theaterprinzipalen des 18.Jahrhunderts war Abel Seyler (*23.08.1730 in Liestal) selbst kein Schauspieler. Doch schon während seiner Zeit als Kaufmann und Bankier in Hamburg, zeigte Seyler große Begeisterung für das Theater. Somit beschloss er nach mehreren Spekulationen und Bankrotten (1763) in Hamburg, welche aber mehr oder weniger durch den 7.jährigen Krieg bedingt waren, hier aber der Fall über das Reichskammergericht ausgefochten wurde, nach den Insolvenzen seiner Firma, sich ganz seiner großen Leidenschaft, dem Theater zu widmen. Durch die Begegnung mit Friederike Sophie Hensel, die als berühmteste deutsche Schauspielerin in der 2.Hälfte des 18.Jahrhunderts ihr Publikum Jahrzehnte begeisterte, und hier in zweiter Ehe Seylers Frau wurde, trug als weiteres dazu bei das Seyler sich ausschließlich fürs Theater entschied. Sie war eine Art Inspirationsquelle für den so Theaterbegeisterten, der von 1767 - 1769 als Hauptunterstützer und Aktionär, faktischer Leiter des Hamburger Nationaltheaters wurde, welches nach den Ideen von Ludwig Holberg errichtet wurde. Seyler beschäftigte Gotthold Ephraim Lessing als ersten Dramaturgen, und nahm bedeutende Schauspieler wie Konrad Ekhof und Friedrich Ludwig Schröder unter Vertrag. Doch trotz des Erfolgs musste Seyler nach weiteren Spekulationen das Theater wieder schließen, für dass er den Rest seines Vermögens ausgegeben hatte. Ob auch hier ihm die Gläubiger im Nacken saßen, konnte bisher noch nicht ausgeforscht werden. Doch auch diese Situation konnte den Theaterfanatiker und ehemaligen Bankier vor nichts zurückschrecken; als er hier 1769 die Seylersche Schauspielgesellschaft mit 60.Mitgliedern in Hannover gründete, wo er als „Direktor der königlichen und kurfürstlichen Hofschauspieler“ durch den Kurfürsten Georg III. ernannt, und unter anderem auch für die Truppe den Schauspieler Konrad Ekhof gewinnen konnte. Doch aufgrund des mangelnden Publikumsinteresses in Hannover führte auch dieses Unternehmen zu finanziellen Problemen, insbesondere da Ekhof im Mai 1770 schwer erkrankte und für mehrere Monate nicht mehr auftreten konnte. Die finanzielle Situation verschlimmerte sich derart, sodass Seylers Schwager, der Hofapotheker J.G.R. Andreae die Schulden übernehmen musste um die Seylersche Truppe vor dem drohenden Ruin zu retten. Als Gegenleistung verlangte er aber, dass nun an Stelle Seylers Ekhof die Leitung übernehmen müsse. Im Jahr 1771 ging die Seylersche Truppe auf Einladung der Herzogin Anna Amalias an den Weimarer Hof, wo sie freundlich aufgenommen waren, und somit Seyler die Leitung auch wieder übernehmen konnte. Aber auch hier war es der Seylerschen Gesellschaft nicht vergönnt für längere Zeit zu bleiben, denn nach einem Schlossbrand im Jahre 1774 musste die Truppe Anna Amalias Hof wieder verlassen, wo dann in Leipzig und Gotha, und an weiteren verschiedenen Spielstätten ihre Stücke zur Aufführung gelangten. Im Jahre 1775 erhielt Seyler das kursächsische Privileg und eröffnete 1776 ein neu erbautet Sommertheater in Dresden. In diesem Zeitraum entstanden auch die ersten Begegnungen zwischen Seyler und Christian Gottlob Neefe wo ersterer dem 28.jährigen als Nachfolger für Hiller, eine Stellung als Musikdirektor anbot. Man könnte meinen das Neefe zu diesem Zeitpunkt zur richtigen Zeit am richtigen Ort war. Denn die Nachfrage war groß nach Singspielen und leichten Opern um die normalen Bürger zu unterhalten, nachdem sich die italienische Oper an den deutschen Höfen zurückgebildet hatte. Aber es war auch umgekehrt ein schwieriges Unterfangen hier mit den Produktionen ständig auf Tournee zugehen, da seinerzeit die Reisebedingungen nicht gerade dem bequemen Komfort der heutigen Zeit entsprachen. Und zudem die Sänger, einschließlich das Orchester, welches aus 12. Musikern bestand, die täglich auf Achse waren, deren Instrumente, Noten und Notenständer ständig mitgeführt werden mussten, wenn nicht Musiker des Zielorts zum Einsatz kamen. Als musikalischer Leiter war Neefe dafür verantwortlich, wenn auch ständig unter Stress, für einen reibungslosen Ablauf der Vorstellungen zu sorgen. Dazu kam das bei dieser Art von Wanderbühnen die meisten auch schlecht bezahlt wurden, und bei Erkrankungen der Solisten die Vorstellungen überhaupt abgesagt werden mussten, außer man hatte einen Ersatz zur Hand wo der oder diejenige kurzfristig einspringen konnte. Neefe selbst geht auf dieses eine Jahr wo er in Sachsen unter Seylers Direktion beschäftigt war, nicht näher ein, doch mag ihm das Einleben in den neuen Wirkungskreis nicht ganz leicht gefallen sein. Auch seine ersten Werke gelangten unter Seyler zunächst nicht zur Aufführung, da Dresden immer noch die Hauptpflegestätte der großen italienischen Opern war, und doch eher volkstümliche Singspiele mit ihren harmlosen Inhalten hier immer noch einen schweren Stand hatten. Umgekehrt aber war es auch ein Amüsement für den jungen Neefe, der gerade einmal in so einen Theaterbetrieb hineingeschnuppert hatte, mit so einem fahrenden Völkchen zusammenzuarbeiten. Stellt sich aber umgekehrt die Frage: wann hatte er dann überhaupt noch Zeit um zu komponieren? Dazu kam der ständige Konkurrenzkampf der Wandertruppen untereinander, wo jeder Direktor versuchte mit noch besseren Schauspielern, mit besseren Sängern, Komponisten und Orchestern aufzuwarten um das Publikum bei Laune zu halten. Außerdem gab es nirgendwo so viele Intrigen wie bei diesen Wanderbühnen, wovon auch Seylers spätere zweite Frau Friederike Sophie Hensel zu berichten weiß, die hier ständig mit ihrer Konkurrentin Karoline Schulze wegen Schwierigkeiten in Streit geriet. Wo sich Seyler als ihr langjähriger Verehrer sich endlich entschloss „für sie ein Theater zu schaffen, auf dem sie, ohne eine Rivalin zu befürchten, herrschen konnte“. Hier gründete er 1767 das deutsche Nationaltheater, also noch vor Hannover und der Gründung der Seylerschen Truppe. Friederike Sophie Hensel, die sich 1774 von ihrem ersten Mann scheiden ließ um Abel Seyler zu heiraten, war für ihre Empfindlichkeit im Bezug auf ihre schauspielerische Leistung bekannt und wurde deswegen ebenso ständig kritisiert. Die Streitereien mit Karoline Schulze, die zeitweise auch eskalierten, deuten eindeutig auf ihr nicht gerade kollegiales Konkurrenzverhalten hin, da sie es auch ebenso nicht ertrug von Kollegen kritisiert zu werden. Und doch wurde die Hensel von Kritikern als auch von Lessing und Iffland aufs höchste gelobt, weil sie nicht nur zu den bedeutendsten Schauspielerinnen ihrer Zeit zählte, sondern auch als größtes Vorbild der deutschen Theaterkunst galt. Als Star zählte sie zu den besten bezahlten Schauspielerinnen. 1779 verdiente Abel Seyler als Direktor des Mannheimer Theaters zusammen mit seiner Frau 2000 Gulden im Jahr (Iffland, Briefe 1772-1814, 38) im Vergleich zu den hier weniger bekannten Schauspielern und Schauspielerinnen, die hier oft ums nackte Überleben kämpfen mussten. Ehepaare oder ganze Schauspielerfamilien wurden in der Regel en gros bezahlt, was meistens hieß: schlechter als einzelne Schauspieler. Hingegen Berühmtheiten wie auch Sophie Schröder bei einem Gastspiel in Dresden (1817) 100 Taler verlangen konnte (Schröder, Briefe 1813 - 1868). Jedoch die Schauspielerin Karoline Schulze-Kummerfeld in ihrer jahrzehntelangen Schauspielerlaufbahn teilweise nicht mehr als sieben Gulden, nie mehr als 20 Gulden in der Woche verdiente. Dafür spielte und tanzte sie, wo ebenso ihr Bruder mit auftreten musste um noch etwas dazu zuverdienen. Bei Wandertheatern mussten sich die Künstler oft mit diesen niedrigen Gagen begnügen, um nicht verhungern zu müssen. Ein wahrer Hungerlohn für ein Leben „auf den Brettern die die Welt bedeuten!". Dazu kam das die Direktoren sich in punkto Zahlung oft als unzuverlässig erwiesen und Profite oft in ihre eigene Tasche wanderten. Somit die Schauspieler oft gezwungen waren einen Teil ihres Hausrats zu veräußern. Karoline Neuber zahlte ihren Schauspielern 1727 zwei Gulden pro Woche für Anfänger, im Durchschnitt fünf Gulden und bis zu neun Gulden für ausgezeichnete Schauspieler. Um diese Zeit verdiente Prehauser, der berühmte Hans Wurst seiner Zeit, 40 Gulden pro Woche; Karoline Neuber verdiente trotz ihrer Doppelfunktion als Schauspielerin und Direktorin der Truppe 15, also genau drei Gulden über dem Niedrigstgehalt. Die niedrigen Gehälter wurden teils durch Haushaltswaren aufgebessert: Ekhofs Höchstgage in Hamburg bestand aus 600 Talern und einem Klafter Holz im Jahr (Martersteig, Das deutsche Theater S.153). Goethe, Direktor des Weimarer Theaters der 1790er Jahre, der äußerst bescheidene Gehälter zahlte, genierte sich nicht, Schauspielern bis acht Talern pro Woche, Ehepaare acht bis zwölf, und Anfängern mit fünf Talern sozusagen abzuspeisen. Ein lediger Schauspieler an Goethes Theater verdiente demnach mindestens fünf Taler in der Woche und höchstens acht, ein Verheirateter mindestens vier und höchstens sechs, einen Taler mehr über dem Anfängergehalt. Obwohl Herr Geheimrat Goethe zu dieser Zeit zu einem der wohlhabendsten und den wohl bestverdienenden Schriftstellern in Deutschland zählte. Aber umgekehrt die Schauspieler von einem durchschnittlichen Schauspielergehalt kaum überleben konnten, so waren andererseits einige skrupellose Theaterdirektoren wegen des knappen Etats ständig bemüht, die ohnehin schon schlecht bezahlten Gagen noch mehr zu senken, und suchten oft nach Mitteln, das Ensemble am Theater zu halten, indem sie ihnen freie Kost und bei Frauen freies Logis zur Verfügung stellten. Das Burgtheater in Wien in den 1820er Jahren ging sogar soweit, dass sie neben den üblichen Wochengagen noch so genannte „Akzidentien" also für „außergewöhnliche Leistungen" bezahlten, die darin bestanden, wenn man seinen Kollegen auf der Bühne Ohrfeigen erteilte, sich selbst mit Wasser überschütten ließ, als auch akrobatische Leistungen, Gesangs - und Tanzeinlagen bot, oder sogar bereit war ins Wasser zu springen. Da die Schauspieler hier aufgrund der Niedrigstgagen immer auf der Suche nach einem Nebenverdienst waren, nützten sie diese Zulagen natürlich oft schamlos aus, und verhielten sich ebenso auch hinter der Bühne ihren Kollegen nicht immer ganz kollegial gegenüber. Karoline Bauer zitiert eine typische Schauspielabrechnung aus der Mitte des 18.Jahrhunderts.

Diese Woche 6 Arien gesungen a 1 fl.	6 FL. - Kr 13
Ein Mal in die Luft geflogen	1 FL. - Kr
Einmal ins Wasser gesprungen	1 FL. - Kr
Einmal begossen worden	- FL. 34 Kr
Einmal Prügel bekommen mit zwei blauen Flecken a 34 Kr.	- FL. 68 Kr
Zwei Ohrfeigen erhalten	1 FL. 8 Kr
Ein Fußtritt erhalten	- FL. 34 Kr
Drei Verkleidungen a 1 fl.	3 FL. - K
Summa	13 FL. – 44 Kr

(worüber dankbarlichst quittiere
Bauer, Komödianten - Fahrten 29).

-

Anhand dieser Beispiele lässt sich leicht erklären, warum auch Christian Gottlob Neefe, trotz seines Erfolges, er und seine Familie oft am Existenzminimum leben mussten. Denn die Gehälter seinerzeit, wo er als musikalischer Leiter, Dirigent und Korrepetitor tätig war, waren für damalige Verhältnisse ebenso nicht übermäßig hoch. Wobei er in seinen Anfängerjahren als Korrepetitor nur einen Hungerlohn erhielt. Selbst in den kurzweiligen von Erfolg gekrönten Jahren, wo Neefe sein Gehalt ein wenig aufbessern konnte, führte er zwar mit seiner Familie ein angenehmeres Leben, aber hier durch vielerlei Umstände, auch durch den französischen Krieg bedingt, muss er wohl eher, nach Aussagen seiner Frau und wie Briefe bezeugen, in ärmeren Verhältnissen gelebt haben. Das unter diesen äußerst schwierigen sozialen Bedingungen, überhaupt noch künstlerische Leistungen erbracht werden konnten, ist ebenso erstaunlich als auch zu bewundern, wie all unter diesem Elend überhaupt Kreativität entstehen konnte. Während die damaligen Prinzipale, aber auch die heutigen Theaterdirektoren immer noch die Bestverdiener sind. Wo als Weiteres zu erwähnen wäre, dass aufgrund der niedrigen Gagen der Schauspieler und Sänger, im Vergleich zu heute im gesamten Theaterbetrieb, hier Künstler mit wenigen Ausnahmen, immer noch schlecht bezahlt werden. Zusammenfassend - der allgemeine Künstlerberuf nach wie vor als brotlos zu bezeichnen ist.

-

Warum Abel Seyler jahrzehntelang mit seinen ganzen Unternehmungen so erfolgreich war, aber ebenso auch immer wieder scheiterte, lag wohl daran, dass er ökonomisch und kaufmännisch begabt, und viele unternehmerische Talente besaß, wo er nicht nur als Theaterbegeisterter künstlerische Talente förderte, sondern letztendlich auch dazu beitrug die Werke Shakespeares in Deutschland bekannt zumachen. Die Oper *Alceste,* die eine deutsche Operntradition gründete, wurde für die Seylersche Gesellschaft, von Anton Schweitzer mit einem Libretto von Christoph Martin Wieland geschrieben, und am 28.Mai 1773 am Hoftheater Weimar aufgeführt. Seyler war außerdem ein Förderer vieler Dramaturgen und Schriftsteller, und möge man ihn oft auch wegen seiner dubiosen Bankgeschäfte immer wieder angefeindet haben, so hat doch Seyler einen großen Teil dazu beigetragen das viele Theaterstücke und musikalische Werke unter seiner Leitung überhaupt aufgeführt wurden. Denn auch dies war nicht immer leicht, und auch zur damaligen Zeit schon ein schwieriges Unterfangen, Stücke von weniger bekannten Autoren und Komponisten uraufzuführen. Weil man sich ungern auf derlei Risiken einlassen wollte.

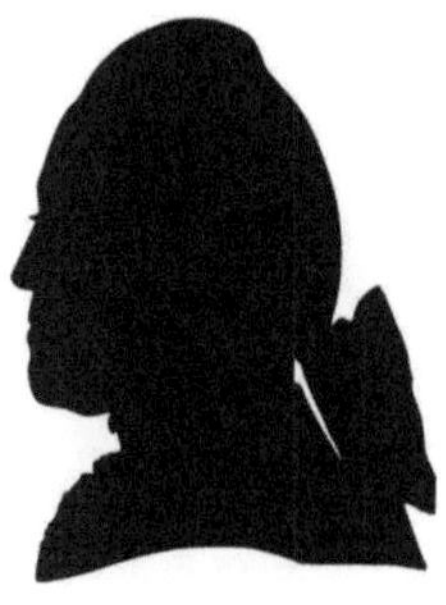

Eine Silhouette nach Abel Seyler (svg by Vanasan) - Plattensammlung

1779 löste sich die Seylersche Truppe wegen vielen Unstimmigkeiten und auch wegen Seylers Bankrott total auf, da auch hier die Gläubiger beinahe täglich an seiner Tür anklopften und er vor denen mit seiner Frau auf der Flucht war. Aber wie ein Stehaufmännchen gründete Seyler bereits bald darauf ein neues Unternehmen, hier er an der Errichtung des Nationaltheaters Mannheim beteiligt war, und von 1779 - 1781 als Direktor weiterhin seine künstlerischen Fäden zog. 1781 – 1783 ging er als Direktor an das schleswigsche Hoftheater. Leitete danach bis 1787 das Komödienhaus in Hamburg, und ging dann als letzte Station noch einmal an das schleswigsche Hoftheater zurück wo er noch bis 1792 als Direktor sich künstlerischen und organisatorischen Aufgaben widmete. Im Spätherbst des Jahres ging Seyler aus gesundheitlichen Gründen, mit einer Pension vom Landgrafen Karl von Hessen - Kassel endlich in den wohlverdienten Ruhestand. Wohnte von nun an seit 1798 als Gast auf dem Gut seines langjährigen Freundes und prominenten Freimaurers Friedrich Ludwig Schröder in Rellingen, wo er 1801 verstarb und beigesetzt wurde.

Seine zweite Frau Sophie Friederike Hensel, die Seyler um zwölf Jahre überlebt hatte, verstarb am 22.September 1789 in Schleswig wo sie aber bis zuletzt auf der Bühne stand. Außerdem verfasste sie neben ihrer so erfolgreichen Schauspielerkarriere, mehrere Dramen und schrieb Librettos für musikalische Singspiele. Wo insbesondere das musikalische Singspiel *Hüon und Amande* Ende des 18.Jahrhunderts in Hamburg ein absoluter Publikumsmagnet wurde. In welcher Beziehung und Zusammenarbeit Neefe zu Seylers Frau stand ist völlig unbekannt, da er sie in keiner seiner Schriften erwähnt. Da sich die Hensel charakterlich außerdem als äußerst schwierig erwies, ist zu vermuten, dass sich beide Frauen Neefes als auch Seylers doch eher aus dem Weg gegangen sind. Denn die Gefahr sich gegenseitig als Konkurrentinnen zu sehen bestand hier wohl weniger, da Neefes Frau in dem Sinne keine schauspielerische Größe war so wie die Hensel. Nachweislich anhand von weiteren Dokumenten, Madame Neefe durch ihre Tätigkeit im Schauspiel - und Singspielbereich, neben den wenigen Hauptrollen die sie seinerzeit in ihren jungen Jahren spielte, hier als Nebendarstellerin mit Tanz -und Gesangsverpflichtungen in den letzten Jahren auf der Bühne stand. Wo im Schauspielregister und auf einigen Programmzetteln und in Rezensionen ihr Name erwähnt wird. Das ihre Gagen aber doch eher ein Zubrot im Hause Neefe waren, wurde bereits widerlegt aufgrund der vielen Beispiele über die damalige Ausbeutung vieler Künstler die am Rande ihres Existenzminimum lebten. „Die Bretter die die Welt bedeuten" sind doch eher ernüchternd wenn man wahrlich einmal hinter die Kulissen schaut!

-

Der Schauspieler und Theatermacher Gustav Friedrich Wilhelm Großmann

Das zwischen Neefe und Großmann ein gespaltetes Verhältnis bestand, wo es zwischen beiden sogar zu einem Rechtsstreit kam, erklärt sich von selbst, da Neefe seinem damaligen Brötchengeber Großmann in Bonn, aufgrund der vielen bösartigen Intrigen Großmann bis zu seinem Tod nie verzeihen konnte. Durch Intrigen und Machenschaften versuchte Großmann Christian Gottlob Neefe an Bonn und sein Unternehmen für immer zu fesseln. Wo die Familie Neefe gezwungenermaßen den zunächst mündlichen Kontrakt eingehen musste um überleben zu können. Diese Art widerwärtigen Verhaltens vonseiten der Direktoren von Theater - und Wanderbühnen waren nichts Ungewöhnliches, da natürlich jeder Direktor für sein Unternehmen den besten Komponisten, Dirigenten, Musiker, Sänger und Schauspieler haben wollte, um als Konkurrent anderen gegenüber Furore zu machen. Das die Familie Neefe unter all diesen misslichen Gegebenheiten nicht gerade glücklich in Bonn waren und sich nach ihrem geliebten Sachsen zurücksehnten, wird nicht nur von Zeitzeugen, sondern auch von der Familie selbst in einigen Briefen verdeutlicht. Hingegen zeigte Neefe gegenüber Großmanns Frau Karla seine große Verehrung, und sie wird es wohl auch gewesen sein, die den Streit damals zwischen ihrem Mann und Neefe geschlichtet haben mag. Erst nach Karlas Tod, die nach einer schweren Geburt am 26.Dezember 1783 sich von ihrer Niederkunft nie mehr erholte, hier unter wochenlangen Schmerzen litt, schließlich vom 29.März auf dem 30.März 1884 ihrem Leiden erlag; so wird uns des Weiteren verdeutlicht, dass die Streitereien zwischen Neefe und Großmann für kurze Zeit vergessen waren. Denn Neefe selbst von tiefster Trauer gerührt, widmete ihm ein langes Beileidsschreiben und schrieb über die Verstorbene in einer Kondolenz folgende Worte:

Wanderer weile!
Hier unter diesem Stein liegen die verweslichen Ueberbleibsel
von Karoline Sophie Auguste Großmann
gebornen Hartmann.
Sie starb nach einer langen schmerzhaften Krankheit,
im 33sten Jahre ihres Alters,
im 9ten ihres exemplarisch glücklichen Ehestandes.
Sie war Mutter von 10.Kindern:
Ihr Tod gab den letzten das Leben.
Sie war eine treue, tugendhafte, unbescholtene Gattinn;
eine zärtliche Mutter;
eine gute Hausfrau;
ein deutsches Weib!
Wanderer!
weih' ihrem Andenken eine Thräne;
sie verdient sie!
Denn sie war eine von den schönen, edlen Seelen
aus Deutschlands Töchtern!
C. G. Neefe
(aus Karolin Großmann biographischen Skizzen 1787)

-

Dass Karla, so wie sie sich selbst nannte, allgemein auch unter den Theaterkollegen als sehr beliebt galt, egal ob bei der Großmannschen Schauspielergesellschaft in Mainz oder in Bonn, können Schriften aus jener Zeit bezeugen. Wo hier ebenso in den biographischen Skizzen über die intimste Beziehung beider Eheleute berichtet wird, welche verdeutlicht, dass die Großmanns eine sehr glückliche Großfamilie, aber auch durch die monatelangen Trennungen zwischen Bonn und Mainz, ebenso auch eine unglückliche war. Wie sehr muss er gelitten haben, dieser große starke Mann, als er nach monatelanger Trennung nun erst am Sterbebett seine so geliebte Karla ein letztes Mal in den Armen hielt um für immer von ihr Abschied nehmen zu müssen. Er sich außerdem neben seinen ganzen beruflichen Verpflichtungen nun auch um die Kinder kümmern musste, die er oft monatelang nicht gesehen, und die aber in der Obhut der Mutter alle Liebe und Zärtlichkeit empfangen durften. Diesen privaten Schicksalsschlag zu überwinden vermochte nur die Kunst allein, und Großmann war durch und durch ein Vollblutkünstler, der zunächst als Schauspieler in der Öffentlichkeit auf sich aufmerksam machte und beim damaligen Publikum unvergessen blieb.

-

Großmann der am 30. November 1746 in Berlin geboren, stammte aus einer weniger betuchten Familie. Studierte zunächst Jura das er 1767 mit Erfolg abschloss, und danach im selbigen Jahr eine Anstellung als Legationssekretär beim königlich preußischen Residenten in Danzig bekam. Durch eine Begegnung mit Lessing in Berlin, wetteiferte er als Konkurrent gegen Lessing, mit der Behauptung innerhalb von 3.Tagen ein Theaterstück schreiben zu können, welches er mit großem Erfolg bewies, und dessen Schauspiel „Die Feuerbrunst“ nicht nur 3.Tage später verlegt wurde, sondern durch Karl Theophil Döbbelins Inszenierung, anlässlich eines Geburtstags des Herzog von Braunschweig - Lüneburg Karl I. mit großem Erfolg uraufgeführt wurde. Ab hier begann die Karriere des Schriftstellers und Theaterregisseurs Großmann, der aufgrund eines Besuchs in Gotha Abel Seyler kennen lernte und fortan sich ebenso auch für die Schauspielerei begeisterte. Hier auch seiner geliebten Karla begegnete, die zu dem Zeitpunkt schon verwitwet, und wo bei der Begegnung mit Gustav, Friedrich, Wilhelm sie offensichtlich Feuer und Flamme war. Dies möge sich aber ebenso auf Gegenseitigkeit berufen haben wie Zeitzeugen zu berichten wissen. Zunächst aber waren die Eltern Karlas strikt gegen diese Heirat. Weil sie aber trotzend aller Verbote der Liebe und Zuneigung gegenüber ihrer Eltern jedoch so überzeugend war, konnte sie am Ende ihren Kopf durchsetzten, sodass das verliebte Paar unter Tränen der Freude endlich vor dem Traualtar ihr Jawort geben konnten. So wie in der gesamten Forschung behauptet wurde, Großmann habe sich von seiner Frau getrennt, entspricht also nicht ganz der Wahrheit. Das es aber durch den künstlerischen Beruf bedingt, zwischen beiden immer wieder zu Trennungen kam, lässt sich leicht erklären. Da allein der monatelange Aufenthalt Großmanns in Mainz anhand von Dokumenten widerlegt. Denn in Anbetracht dessen, das Mainz doch immerhin zur damaligen Zeit vierzehn Stunden von Bonn entfernt war, so möge man also in Zukunft bei Forschungsarbeiten diese Entfernungen berücksichtigen. Demnach von einer endgültigen Trennung zwischen zwei Liebenden hier wohl kaum die Rede sein kann. Und wenn sie getrennt wurden, so geschah dies lediglich beruflich, aber nicht wegen ehelicher Streitereien oder sonstigen Eskalationen. Dies bezeugen auch die zahlreichen Briefe von Karla an ihrem Mann aus Bonn, der sich wie gesagt zu dem Zeitraum in Mainz aufhielt um dort vor Ort seinen künstlerischen Verpflichtungen nachzukommen. Wo sich umgekehrt Karla stellvertretend anstelle ihres Gatten um die künstlerische Arbeit in Bonn kümmerte, um Organisation und Einstudierung der Stücke vorzunehmen. Eine doppelte Belastung für die schwangere und empfindsame Frau wie aus ihren Briefen herauszulesen ist. Neben vielen Theaterstationen, profilierte sich Großmann in erster Linie als Theaterleiter und Prinzipal, wo er zunächst 1778 die Leitung mit Karl Hellmuth des Hoftheaters in Bonn übernahm. Nachdem dieses Theater nach dem Tod vom Kurfürst Maximilian Friedrich geschlossen wurde, gründete Großmann ein eigenes Ensemble und zog so wie Seyler durch die Lande, wo man unter anderem in Frankfurt/M, Köln und Münster spielte. Großmann konnte insbesondere in Frankfurt noch einmal große Erfolge erzielen, wie in einem kleinen Briefwechsel von Frau Catharina Elisabeth Goethe bestätigt wird. 1786, also zwei Jahre nach dem Tod von Karla, schloss sich Großmann in Köln mit dem Schauspieler und Mitdirektor Christian Wilhelm Klos zusammen um ein Theaterunternehmen zu gründen, welches aber nicht gerade unter einem guten Stern stand. Offenbar auf Verleumdungen hin und unseriösen Geschäftsgebarens vonseiten des Mitdirektors Klos, wurde Großmann zu Unrecht wegen Betrugs angezeigt, wo er nach einem verlorenen Prozess Köln wieder verließ und nach Hannover ging um dort wieder als Schauspieler auf der Bühne zu agieren. 1788 wurde Großmann zum Direktor des hannoverschen Hoftheaters berufen, wurde hier aber ebenso angefeindet wegen der Aufführung eines herrschaftskritischen Stückes, für das er, aufgrund einer Nichtentschuldigung bei Hofe, in das Clever-Tor Gefängnis eingeliefert wurde und somit in Hannover Berufsverbot erhielt. Wie es Großmann letztendlich gelang unter diesem schlechten Leumund eine finanzielle Unterstützung durch vermögende Bürger zu bekommen, wo er 1792 auf der Junkerbastei das Bremer Stadttheater gründete, wirft weitere Rätsel auf. Denn wie konnte ein Mann erst wegen des Betrugs, auch wenn laut Aussagen unschuldig, und dann wegen aufrührerischen Verhaltens überhaupt weiteren Theatergeschäften nachgehen, wo doch umgekehrt in der Theaterbranche derartige Eklats sich wie ein Lauffeuer herumsprachen und auch nicht so schnell vergessen wurden. Vermutlich konnte Großmann vor Gericht immer wieder seine Unschuld beweisen. Wie dem auch sei, wenn man Christopher Marlowes Geschichte zu Shakespeares Zeiten verfolgt, der wegen immerwährender Raufereien und letztendlich sogar wegen Mordes im Gefängnis saß, hier aber wegen angeblicher Selbstverteidigung wieder freigesprochen wurde, so ist anzunehmen, dass auch im 17. und 18.Jahrhundert derartige widerrechtliche Vorfälle doch eher als Kavaliersdelikte oder als unzurechnungsfähiges Verhalten bei den Gerichten abgetan wurden. Viele Freisprüche sind mehr oder weniger auch durch Bestechungen zustande gekommen. Hier seinerzeit im Vergleich zu heute der Beschuldigte, aber wohl weniger das Opfer Rechtsansprüche geltend machen konnte. Das also Großmann hier unbehelligt davongekommen, um weiterhin seine künstlerischen Fäden ziehen zu können, ist vielleicht auch anhand seiner künstlerischen Leistungen insofern ein Privileg gewesen, als das man ihn doch eher als Schauspieler, aber weniger als

Direktor eines Theaters zu schätzen und zu ehren wusste. Natürlich trug Großmann als Prinzipal zum großen Teil dazu bei, dass Schauspieler wie Joseph Karl Ambrosch, Friederike Bethmann - Unzelmann (die übrigens auch seine Stieftochter, und mit dem berühmten Schauspieler und Sänger Wilhelm, Ferdinand Unzelmann verheiratet war), Johann Heinrich Bösenberg und einige andere unter seiner Leitung erst zur Größe gelangten. Auch in sozialen Fragen erhob Großmann seine Stimme, indem er Conrad Ekhofs Idee einer „Pensions- und Sterbekasse" voll unterstützte und propagierte, um die unsicheren Existenzbedingungen von Schauspielern und den weit verbreiteten sozialen Elend ein Ende zu setzen. Doch die Realisierung dieser Idee scheiterte im Endeffekt dadurch, dass die meisten ohnehin schon schlecht bezahlten Schauspieler und Sänger für einen allgemeinen Pflichtanteil in eine Sozialkasse keinen Beitrag hätten leisten können. Großmanns Engagement in allen Bereichen des Theaterbetriebes waren unermüdlich und meistens auch von Erfolg gekrönt. So wie auch eines seiner Werke „Nicht mehr als sechs Schüsseln" in mehreren Sprachen übersetzt und heute noch als erstes zeitkritisches Stück in Deutschland gilt. Er war nicht nur Schauspieler, sondern auch Revolutionär, der am 3.Februar 1795 den *Kantor Ferbius* in seinem Stück „Wer wird sie bekommen" am Hoftheater in Hannover spielte, und sich derart in seine Rolle hineinsteigerte, sodass es Entrüstung beim Publikum auslöste, was zur Folge hatte, dass man nicht nur das Stück absetzte, sondern Friedrich Wilhelm Großmann wegen aufrührerischen Benehmens ihm Majestätsbeleidigung und Gotteslästerung vorwarf. Man verhaftete Großmann und sperrte ihn ins Gefängnis. Dies hielt ihn aber nicht davon ab weitere kritisierende Pamphlets zu schreiben um sich gegen Kirche und Staat aufzulehnen. Als man bei Großmann während seines Gefängnisaufenthalts nach sechs Monaten eine Schwindsucht diagnostizierte, entließ man ihn und sprach ein Berufsverbot auf Lebenszeit aus. Dieser so unbeugsame Mann, der sich immer kämpferisch zeigte, zog sich verbittert und krank im 49.Lebensjahre nach Hannover zurück, wo er am 20.Mai 1796 verstarb.

-

Setzen wir hier uns nun um sechzehn Jahre zurück, wo Neefe schon in Großmannschen Diensten stand, und versuchen wir uns mit dem Charakter Großmanns ein wenig näher auseinanderzusetzen, so ist offensichtlich, das trotz aller Freundschaft zwischen Großmann und seiner Frau, die jahrelange künstlerische Zusammenarbeit zwischen Christian Gottlob Neefe und dem Theatermacher unweigerlich zu Meinungsverschiedenheiten und Streitigkeiten geführt haben müssen. Obgleich Neefe sich auch hier den Gesetzen und Vorschriften nicht nur bei Hofe, sondern auch gegenüber Großmann derart untergeordnet haben muss, weil ihm aus sozialer Überlegung und um seine Stellung nicht zu verlieren, im Endeffekt nichts anderes übrig geblieben ist. Und doch kann man hier nur Mutmaßungen anstellen, obwohl Neefe über die Misshelligkeiten in der Freundschaft zwischen ihm und Grossmann sich oft beklagte, der warum auch aus welchen Gründen immer, hier hartnäckig auf dem zunächst mündlichen Vertrag bestand, um letztendlich den Vertrag mit Bondini in Dresden scheitern zu lassen. Mögen auch einige Theaterkollegen seinerzeit große Bewunderer von Großmann gewesen sein, so verringert sich aber die Tatsache nicht dadurch, dass er zwar ein Förderer und Unterstützer künstlerischer Talente war, sondern doch wohl eher ein schwieriger Charakter war, mit dessen Mentalität sich zumindest auch die Familie Neefe nicht leicht abfinden konnte. Obwohl anfangs Neefes Beziehungen zu Großmann schon beinahe euphorisch waren, welches Briefe bezeugen können, so muss aufgrund vieler späterer Streitereien zwischen Beiden aus der zunächst wahren Freundschaft, so eine Hassliebe entstanden sein, wodurch sich der enttäuschte Neefe nicht nur von seinem alten Freund entfremdete, sondern auch geistig abgewendet haben muss. Diese Misshandlungen der Freundschaft hatten bei Neefe tiefe Wunden hinterlassen, wovon seine Gesundheit ebenso Schaden davon getragen hatte, die von schweren Depressionen und ständigen Stimmungs-Schwankungen begleitet waren.

-

Hingegen zum Freund Großmann schien Neefe zu seiner Frau Karolina Sophie Augusta wohl eine wesentlich harmonischere Beziehung gepflegt zu haben. Zeugen doch hier eine von ihm verfasste biografische Skizze (1787) nach dem Tod der so verehrungswürdigen Karla darüber, dass Neefe hier eine sehr tiefe Zuneigung zu der Frau seines Freundes empfunden haben muss. Denn wenn man sich intensiver mit Neefes Charakterbeschreibungen über Karla auseinandersetzt, wo er sie immer wieder als deutsches tugendhaftes Weib interpretiert, so ist sogleich auch seine Bewunderung zu Karla in folgenden Worten zu finden: *Ihr großes blaues, Feuer, Geist und Witz sprechendes Auge leuchtet besonders hervor... ihr Witz ist lebhaft, neu, unterhaltend und anständig.* Des Weiteren schreibt Neefe: *Ihr Geschmack ist elegant, den sie in ihren Kleidungen, in der Anordnung ihrer kleinen Hausfeste u.s.w äußert. Sie hasst alles Gezierte, Überladne und Schreiende. Sie besitzt Welt - und Menschenkenntnisse in keinem geringen Grade, die sie in ihrer Sphäre besonders bedarf und wohl anzuwenden weiß.* Noch euphorischer klingen Neefes Worte, wenn er Karla als tugendhafte, pflichtbewusste zärtliche Ehefrau und Mutter beschreibt, wo seine Worte vor lauter Bewunderung für diese Frau, fasst überschäumen, und er sich selbst als Ehrfurcht empfindenden, vor ihr als sich verneigenden Verehrer interpretiert: *Sie die eines deutschen Weibes, das an ihrem Manne hängt, einer deutschen Mutter die an ihren Kindern hängt, einem Lande alle Ehre gemacht.* Das diese Charakterbeschreibung Neefes, die immerhin acht Seiten umfasst, und wo überhaupt der gesamte Nachruf, im wesentlichen natürlich seinem Freund Großmann galt, ist anhand dieser biografischen Skizzen nachweislich erwiesen. Doch umgekehrt stellt sich die Frage: Wie kann man einer Frau eine derart leidenschaftliche Bedeutung beimessen, deren Herz offensichtlich einem anderen gehörte, und selbst dann, mögen Neefe und Karla vielleicht eine gewisse Seelenverwandtschaft zwischen sich entdeckt haben, wie müsste Susanne Maria auf dieses so ehrungswürdige Verhalten vonseiten ihres Mannes reagiert haben? Wo doch ihr Mann vom moralischen Stammpunkt aus alle Liederlichkeiten in Künstlerkreisen immer verabscheut hatte! Obwohl alle Leidenschaft auch in Neefes Gedanken nicht selten entfacht war - bezeugen doch dies seine eigenen Aussagen wo er schreibt: *Ich hab' eine lebhafte Einbildung, schnelle Empfindung...* oder *Ich ehre das schöne Geschlecht. Mein Herz ist zur Freundschaft geneigt.* Somit können wir also davon ausgehen, das die Verehrungen für Großmanns Frau doch eher freundschaftlicher Natur waren, wo seine oft zu beobachtende euphorische Ausdruckkraft, die er auch häufig in Briefen an seine Freunde anwendete, uns zwar ebenso eine bildhafte Leidenschaft darstellt, der aber keineswegs unmoralische Bedeutung beizumessen wäre. So mag auch die Beziehung zu Karla eher einer freundschaftlichen Verbindung zuzuordnen sein, als dass man hier irgendwelches Schlüsse daraus zieht, das zwischen Neefe und Karla eine intimere Beziehung bestanden haben könnte. Und selbst wenn sie seelenverwandt oder vielleicht sogar platonischer Natur war, so wie zwischen Beethoven und Josephine, so kommen wir doch eher zu der Überzeugung, dass Neefe zeit seines Lebens seiner Susanne Maria bis zu seinem Tod treu geblieben, so wie Mozart seiner Konstanze.

-

Neefes Singspiele

Durch Hiller war Neefe in die Theaterwelt eingetreten die ihn von nun an fesseln sollte. Das Zeugnis das Hiller seinem Schüler im Vorwort des Klavierauszugs „Der Dorfbarbier" ausstellte war durchaus schmeichelhaft. Er besitze ein sehr gutes Talent, schreibt er, besonders in der Komposition, in welcher er sich bisher meines Rates bediente. Er wünschte „dem jungen Verfasser, der so viel Gutes versprach den Weg zu größeren und ausführlicheren Arbeiten gebahnt zuhaben". Als erstes eigenständiges Singspiel komponierte Neefe 1772 „Die Apotheker" nach einem Text von Johann Jakob Engel. In schneller Folge entstanden zwei weitere Singspiele „Amors Guckkasten" und „Die Einsprüche", beide nach Texten von Johann Benjamin Michaelis. Dieses Werktrio stand ganz im Zeichen der Hillerschen Singspieltradition, die im Koch'schen Theater zu Leipzig, geleitet durch den Theaterprinzipal Heinrich Gottfried Koch (1703 - 1775), in Auftrag gegeben wurden, und somit ein breiteres Publikum ansprechen sollte. Im Vorwort der „Apotheke" rechtfertigt Engel ausdrücklich die Gattung vom moralischen Standpunkt aus, er nennt sie „Possenspiel". „Die Apotheke" ist der Wohnort des Inhabers Enoch und zweier junger Damen, der leiblichen Tochter Krönchen und der Nichte Fiekchen. Krönchen ist in den Advokaten Reiger verliebt, der allerdings einen Prozess für den Apotheker geführt und diesen verloren hat. Doch viel lieber möchte

Enoch seine Tochter Krönchen mit dem etwas dümmlichen Arzt Vincent verheiraten, in den allerdings Fiekchen verliebt ist. Doch nach einigen Missverständnissen und dem ganzen Tohuwabohu, gewinnt der Advokat die Revision des Prozesses, und die beiden Paare finden zueinander.

Das Stück beginnt mit einer „Sinfonia", das Orchester besteht im ersten Teil „Allegro con brio" aus Streichern, zwei Hörnern und zwei Oboen. Der zweite Teil „Andantino" wird von Streichern und zwei Flöten gespielt, während der abschließende dritte „Presto" mit 6/8 Takt auf die erste Besetzung zurückgreift. Damit handelt es sich um eine regelrechte Sinfonia modernen Zuschnitts, wo der erste Teil mit zwei Themen im Sonatenhauptsatz gestaltet ist. Die Gesangseinlagen, die Neefe den Sängern sozusagen auf dem Leib geschrieben hat, weisen sowohl einfache Strophenliedform, als auch da capo - bzw. dal segno - Arien auf, etwa die Arie der Fiekchen „Mein Stolz soll meine Liebe rächen" im Tempo „Allegro Pathetico". Es ist eine deutliche Parodie auf traditionelle Rache - Arien, oder die Arie des altmodischen Vincent „O lass mit zärtlichen Entzücken, mich deine holden Wangen sehn'" im Tempo „Allegro ed affettuosamente". Parodistisch wird auch das Menuett zur Charakterisierung des jungen Vincent in der Arie „Deine Miene spricht Verlangen" eingesetzt. Doch sind dies Ausnahmen, die sehr deutlich zeigen, welch negatives Bild Neefe mit den traditionellen Formen verbunden hat, sodass sie nur noch zu Parodien taugen. Ähnlich sind auch die kompositorischen Formen in dem Singspiel „Amors Guckkasten", welches ebenfalls interpretatorisch anspruchsvolle Koloraturarien und Ensemblenummern enthält. Hier sind aber die einzelnen Gesangsnummern ebenso als Parodien zu verstehen, und wo es in der Handlung ähnlich, wie bei allen Singspielen, die Neefe vertont hatte, es um Sitte und Moral des 18.Jahrhunderts ging. „Die Einsprüche" schließlich behandeln wiederum - und in gebotener Züchtigkeit - eine Geschichte um die Verheiratung der Tochter Hannchen, wo ihr Vater Märtens sie dem Schulmeister verspricht, obwohl er ihrem Verehrer Bartel dasselbe Versprechen gegeben hatte, bevor er in den Krieg gezogen war. Der Schulmeister ist aber schon mit der Tochter des Bürgermeisters verlobt, sodass nach der Rückkehr des Verehrers Bartel beide Einsprüche gegen die Verbindung zwischen Hannchen und den Schulmeister erheben. Nach einigen Intrigen und Verwirrungen, glänzt Bartel mit Zauberkunststücken, der Schulmeister verheddert sich in der lateinischen Sprache - und am Ende finden sich die Paare glücklich zusammen. Eigentlich geht es in allen Singspielen doch eher um anspruchlose, banale und gefällige Handlungen, die aber offensichtlich dem damaligen Zeitgeist des Volkes entsprachen. Aber würde man heute eines der Werke wieder aufführen, müsste man die hier genannten Possenreißer textlich als auch dramaturgisch dem heutigen Zeitgeist entsprechend vollkommen neu überarbeiten. Auch die musikalische Gefälligkeit dieser Werke, mag den heutigen Geschmack eines Publikums wohl kaum noch ansprechen. Denn sind es doch alles eher niedliche Schauspiele mit Gesang, im Vergleich zu der wahren Opera Buffo. Ein weiteres Werk Neefes war das Singspiel „Heinrich und Lydia" 1774. Eine Geschichte die aus dem menschlichen Leben gegriffen, wo es ebenso in seiner librettistischen Einfachheit und inhaltlichen Schlichtheit zwar nicht zu einer dramaturgischen Größe zählt, hier aber nichtsdestotrotz auch dieses Libretto nach anspruchsvollen Kompositionen verlange. Die Musik zu Neefes Singspiel „Zemire und Azor" ging bedauerlicherweise verloren, und stand von Anfang an unter keinem guten Stern. Lediglich eine Arie „Der Blumen Königin verblühte an meiner frohen Brust" blieb erhalten. Aber Neefe wusste bei der Komposition des Textes nicht, das André Ernest Modeste Grétry das französische Original von Jean - Francois Marmontel (nach der Erzählung „La belle et la béte" von M.Le Prince de Beaumont) bereits zu einer Oper verarbeitet hatte, als er das Stück in der Übersetzung von Moritz August Thümmel in Töne setzte. Obgleich Neefe bei dem Vergleich mit Grétrys Werk durchaus positive Stimmen für sich gewinnen konnte (Reichard veröffentlichte im Theater Journal 1778 eine positive Bemerkung), hier aber Abel Seyler über eine durchaus gespaltene Reaktion des Publikums zu berichten wusste; wodurch sich Neefe gegenüber Grétry geschlagen geben musste, dessen Oper bereits schon 1780 in Deutschland große Erfolge errang. Die Geschichte des Werks ist allgemein bekannt, wurde sie doch unter anderem in erfolgreichen Filmen wie „La belle et la béte" mit Jean Marais oder in „Die schöne und das Biest" von Walt Disney verarbeitet. Im Original spielt das Thema in einem orientalischen Milieu. Wo man aber kurz entschlossen die Geschichte, unter Anregung von Großmann und dessen Frau, in das heimische Milieu verlegte: hier aus dem persischen Prinzen Azor nun der Ritter Hanold wurde, aus dem persischen Kaufmann Sander der Handelsmann Tanker, dessen Töchter hießen ab nun an nicht mehr Zemire, Fatime, und Lisbe, sondern Mathilde, Anne und Elvire, und deren Sklave Ali war nun der Diener Arnold. Wobei die letzte Figur als ausgesprochene Paraderolle für jeden Komiker von großer Bedeutung war, welcher mit seinen Späßen das gesamte Stück trug. Dieses sich zugetragene Ereignis lässt einen direkt ein wenig schmunzeln, wurden doch auch später im Operettengenre derartige dominierende Komikerrollen vonseiten der Librettisten und Komponisten immer wieder eingebaut. Nach Überarbeitung der Fassung von „Zemire und Azor" und mit theaterwirksameren Texten, wurde auch dieses Singspiel unter der Leitung von Großmann, in den

1780er Jahren mehrere Male zur Aufführung gebracht. Neefes wohl gelungenstes Werk war „Adelheit von Veltheim" (Schauspiel mit Gesang in 4.Akten) mit dem Text von Gustav Friedrich Wilhelm Großmann, wo das fertig gestellte Werk am 23. September 1780 in Frankfurt am Main uraufgeführt wurde. Hier nach Angabe des Herrn Schatz 1781, ist diese seinerzeit sehr beliebte „Türkenoper" ebenso in Wien am Burgtheater aufgeführt worden. Da hier insbesondere Großmanns Libretto, doch sehr themenverwandt mit dem Libretto von Johann Gottlieb Stefanie ist, dessen Singspiel „Die Entführung aus dem Serail" von Wolfgang Amadeus Mozart ebenso ein Jahr darauf am 16.Juli 1782 am selbigen Ort in Wien uraufgeführt wurde, so stellt sich die Frage, wer von den Librettisten untereinander das Thema als erster aufgegriffen hat, oder ob nicht beide sogar voneinander abgeschrieben haben. Das war schon seinerzeit so wie heute keine Seltenheit! Jedoch unumstritten das hier bekanntere Werk von dem Librettisten J.G. Stefanie mit der Vertonung der mozartschen Musik, eindeutig wohl zum Bedeutendsten in der Musikgeschichte zählt.

Doch Nichtsdestotrotz wurde der großen Nachfrage wegen dieses Schauspiel mit Gesang von Großmann/Neefe in Berlin 1785 je 6-mal und 1784 je 4-mal aufgeführt, wo sich namentlich ebenso auch in Norddeutschland mehrere Aufführungen nachweisen lassen. Es war Neefes beliebtestes und wohl sein bestes Stück, denn obwohl viele Werke anderer bedeutender Komponisten bereits vom Spielplan abgesetzt wurden, so wurde hier „Adelheit von Veltheim" weiterhin gespielt.

Das letzte Singspiel Neefes betitelt sich „Der neue Gutsherr" ein ländliches Lustspiel in 3.Akten mit Gesängen (Autor Johann Gottfried Dyck), welches in Leipzig 1781 im Verlage der Dykischen Buchhandlung verlegt wurde.

Jedoch musikalisch schien sich die Oper vom Singspiele langsam zu entfernen, um die große französische Oper endlich durchzusetzen. Die Seylersche Theatergesellschaft und deren Mitglieder waren häufig in verschiedenen Funktionen an den Produktionen beteiligt, und trotzdem schien es eher, dass die Oper dem Singspiel am Ende den Garaus machte. Neefes einziges Melodram „Sophonisbe" geschrieben in den Jahren 1776/77, erschien im Klavierauszug Leipzig 1782 und wurde nach der Uraufführung in Darmstadt zu einem durchschlagenden Erfolg. Zahlreiche Aufführungen sicherten dem Stück einen ehrenvollen Platz in der Geschichte des Melodrams, wo die Veröffentlichung dieses Werks erfolgte, aber erst im ersten Jahrgang der Leipziger Allgemeinen Musikalischen Zeitung 1798, also kurz vor dem Tod von Christian Gottlob Neefe. Betrachtet man die gesamte musikalische Entwicklung

Neefes, so war sein kompositorischer Weg von Bühnenwerken über Vokalmusik bis hin zur Instrumentalmusik doch sehr facettenreich. Die musikalischen Ausdrucksformen, Singen und Komponieren, gehörten bei Christian Gottlob Neefe eng zusammen. In Verknüpfung seiner anfangs musikalischen Ausbildung als Chorknabe, mit allen Werken, die aus seiner Feder später dann entstanden sind, entsprechen eines musikalischen volkstümlichen Stils, wie nicht nur aus seinen Liedern für Singstimmen herauszuhören ist, sondern in seiner gesamten Instrumentalmusik.Vergleicht man des Weiteren seine Freimaurerlieder, oder die Vertonung von Klopstocks Oden, gegen die doch eher volkstümlichen Singspiele, so steht doch hinter seiner vielseitigen, musikalischen Schaffenskraft, ein ganz anderer musikalischer Ernst , der eher auch mit Neefes religiösen Glauben und durch den Einfluss der Freimaurerloge in Verbindung steht. Diese hier eigene Ausdruckform, findet ihre Affinität in verschiedene Charaktere wieder. Von der barocken Kompositionstechnik der Bach Dynastie, über den Aufstieg des empfindsamen Stiles bis hin zur Moderne, so findet man doch in Neefes Kompositionen einen bunten Reigen von immer neu aufblühenden Melodien. Wo es in der gesamten Musikgeschichte vielmehr als ungerecht erscheint, dass es letztendlich wohl eher die Lehrtätigkeit war, die Neefes Namen im Bewusstsein der Nachwelt präsent hielt. Verdrängt durch Beethoven und viele anderen Komponisten die nach ihm kamen, ließen den so anerkannten Komponisten seiner Zeit in Vergessenheit geraten. Ein Schicksal das Viele mit ihm teilten.

-

Neefes Aufenthalt in Bonn

Nach der Seylerschen Katastrophe, als Seyler mit seiner Frau vor seinen Gläubigern nach Mainz floh, um der Gefangennahme wegen Bankrotts zu entgehen, so versuchte nun auch Neefe mit seiner Frau fürs erste ein Unterkommen zu finden. Er wandte sich an Großmann, welcher ihn, den alten Freund, ohne förmlichen Kontrakt einstweilen als Musikdirektor am Bonner Theater beschäftigte. Auf dem Weg nach Bonn Oktober 1779, wo die Familie Neefe mehrere Zwischenstationen einlegen mussten, ist einige Wochen zuvor, die erste Tochter Louise vermutlich in Offenbach zur Welt gekommen. Ob das Kind dort vor Ort oder erst später in Bonn getauft wurde, konnte bisher noch nicht ausgeforscht werden. Ebenso wurde Madame Neefe aufgrund der misslichen finanziellen Situation, neben ihrem Mann von Großmann als Schauspielerin unter Vertrag genommen. Worüber sie sich aber selbst beklagte, dass sie von nun an nur noch Mutterrollen zu spielen bekäme. Dass die Neefes nicht gerade sehr glücklich in Bonn waren, wurde bereits erwähnt, wo einige Dokumente und persönliche Aussagen Neefes dies bezeugen können. Denn zu groß war die Sehnsucht nach Sachsen, wo Neefe gleichzeitig mit Bondini in Unterredung trat, und dieser unter wesentlich günstigeren Bedingungen Neefe an das Dresdner Theater engagieren wollte. Doch Großmann versuchte durch alle möglichen Versprechungen, Verschleppungen der Verhandlungen, durch Machenschaften und letztendlich durch Beschlagnahme von Neefes Effekten dies zu unterbinden. Neefe klagte, aber auch die gerichtliche Entscheidung wurde verzögert, und so wurde es ihm unmöglich gemacht, zur versprochenen Zeit bei Bondini einzutreffen. Letzterer sah sich infolge dessen gezwungen, für Neefe und seine Frau andere Kräfte zu engagieren. Hier musste Neefe schließlich mit Großmann einen Kontrakt eingehen um nicht brotlos zu sein, obwohl die Bonner Stellung seinen Neigungen durchaus nicht entsprach. Unter diesem Spannungsfeld von Intrigen und niederträchtigen Begebenheiten, der hier ohnehin schon kränkliche Neefe nicht nur einen weiteren gesundheitlichen Schaden erlitt, sondern wodurch den monatelangen Streit mit Großmann seinem Herzen tiefe Wunden zugefügt wurden. Denn das Interesse, das Bondini Neefe entgegenbrachte, um ihn für immer zu gewinnen, wo er sogar bereit war, die Entschädigung und die Umzugskosten für die Familie Neefe zu übernehmen, verdeutlichen, wie viel Bondini an Neefe gelegen war, um ihn als Theaterdirektor für immer nach Dresden zu holen. Zu beobachten ist, dass überhaupt die Bonner Zeit immer wieder von Missgunst und Neid einiger Kollegen, und von vielen Schicksalsschlägen begleitet waren. Denn Neefe schien als sächsischer Protestant von diesen erzkatholischen Rheinländern nicht gerade willkommen zu sein. Jedoch fand er in der liebenden musikalischen Gräfin Hatzfeld und dem Minister Belderbusch eine freundschaftliche Unterstützung, wodurch dessen Hilfe und deren freundliche Empfehlung Christian Gottlob Neefe zum Hoforganisten ernannt wurde. Doch dies geschah erst zwei Jahre später, nach einigen Verhandlungen mit dem Kurfürsten Max Friedrich, welcher nach den schwierigen gesetzlich, höfischen Vorgaben Ende 1781 dem Protestanten Neefe per Dekret dessen Anwartschaft auf die Stelle des Hoforganisten endlich bestätigte. Freilich waren nicht alle Mitglieder des Hofes mit dieser am 15. Februar 1782 erfolgten Ernennung einverstanden und man versuchte Neefe aus seiner Stellung zu drängen. In einem dem neuen Kurfürsten Max Franz 1784 vorgelegten Schreiben wird Neefe wie folgt beurteilt: *„(...) hat gar keine Meriten und ist erst vor drei Jahren durch Protektion angenommen worden, auch Calvinisch, hat vierhundert Florin, so erspart werden könnten."* Somit wurde Neefes Gehalt vonseiten des Kurfürsten auf 200 Gulden heruntergesetzt, worauf Neefe veranlasst war, auch aufgrund mehrerer Intrigen und Verleumdungen, für sich und seine Frau sich nach Theaterengagements außerhalb von Bonn umzusehen. Erst ein Jahr später schien der Kurfürst sich von den Verdiensten Neefes inzwischen selbst überzeugt zuhaben, sodass er 1785 ihm sein früheres Gehalt wieder zubilligte. Da aber vor dieser Zubilligung von Neefes Gehalt nicht einmal mehr die Lebenskosten bestritten werden konnten, so ist anzunehmen, dass Neefe hier des Weiteren auf andere Dienste, als auch auf Lehrtätigkeiten angewiesen war. Spätestens im Jahre 1780, vielleicht auch nach der Frankfurter Herbstmesse 1779, hatte Neefe den jungen Beethoven in seine Obhut genommen. Dies geschah offenbar in dem Zeitraum, wo Neefe schon unter Vertrag als Musikdirektor bei dem Prinzipalen Großmann stand. Auf wessen Veranlassung Beethoven zu Neefe kam, bis wann dieser währte - darüber ist ebenso wenig bekannt, wie über alle anderen persönlichen Verhältnisse Beethovens zu jener Zeit. Ob es wahr ist, dass der Kurfürst für die Lehrtätigkeit Beethovens Neefe beauftragte bzw. Neefe für seine Dienste bezahlte, wie viele Beethovenforscher versicherten, auch darüber gibt es keinerlei Nachweise. Halten wir uns an die Aussage Franz Gerhard Wegelers fest, so wissen wir nur aufgrund dessen Überlieferung, dass der Unterricht doch eher sporadisch stattgefunden habe, und Neefe somit auch wenig Einfluss auf den jungen Ludwig hatte. Letzterer beklagte sich sogar über Neefes zu harte Kritik. Umgekehrt aber Beethoven 1793 an seinen alten Lehrmeister schrieb: *„Ich danke für ihren Rath, den Sie mir sehr oft bei dem Weiterkommen in meiner göttlichen Kunst ertheilten. Werde ich ein großer Mann, so haben auch Sie Theil daran; das wird Sie umso mehr freuen, da Sie überzeugt sein können..."* Ob Neefe nur gute Ratschläge, oder einen lehrbedingten pädagogischen Musikunterricht erteilte, ist also wissenschaftlich nie erwiesen worden. Was die ständige Kritik Neefes gegenüber Beethovens betraf, so darf man hier nicht außer acht lassen, dass Neefe unter der Einwirkung der strengen Leipziger Schule durchaus sehr gebildet und sehr wenig mit der Richtung zufrieden sein konnte, welches das junge Genie unter den ihn umgebenen Einflüssen genommen hatte, und dass er sich bemühen musste, ihr einen anderen Lauf zugeben. Bedenke man doch das Neefe selbst noch ein jüngerer Mann war, und in seinem Eifer für den Fortschritt seines Zöglings, seine wohl kindlichen Fortschritte mit einer Strenge beurteilt haben mag, die, wenn auch in der Tat nicht mehr gerecht und vernünftig waren. Doch ebenso mit dem urteillosen Lobe anderer Lehrer im Widerspruch gestanden sind, sodass sie des Knaben Selbstschätzung verwundete und einen Stachel bei ihm zurückließen. Ob Lehrer und Schüler demnach eine Sympathie füreinander empfanden entzieht sich unserer Kenntnis. Und obwohl der Unterricht zwar seiner Zweckmäßigkeit diente, wo neben musikalischen Studien, als auch die Einführung in Literatur und anderen wissenschaftlichen Gebieten, hier Letzterer zwar gehorsam die

Lehrmethoden seines Lehrers befolgte, so wird uns andererseits aus einigen Schriften verdeutlicht, dass Beethoven offensichtlich nie eine wahre freundschaftliche Beziehung zu seinem Lehrer pflegte so wie von einigen Beethovenforschern behauptet wird. Neefes scharfe Kritiken den Kompositionsversuchen Beethovens gegenüber, mögen vielleicht einerseits berechtigt gewesen sein, und doch müssen Neefes sehr harte Beurteilungen für die kindliche und so empfindliche Seele ein wahres Martyrium gewesen sein. Jedoch ist anzunehmen, das Neefe, seinem ganzen Charakter entsprechend, bei der Unterweisung des jungen Genies mit gewissenhafter Sorgfalt „so gut er konnte" auch methodisch vorging. Wenn der Unterricht trotzdem lückenhaft blieb, so war dies in der Begrenztheit von Neefes eigenem Wissen und Können begründet. Hatte er doch, nach seinem eigenen Geständnis, eine eigentliche Schule in Komposition selbst nicht durchgemacht, wenn ihn auch der Verkehr mit J. A. Hiller vielfach gefördert hatte. Nach seiner Stellung am Theater und seiner Geistesrichtung huldigte auch er dem Streben nach größerer Einfachheit und Verstärkung der Musik - in den schwierigeren polyphonen Formen. Darin aber war er selbst nicht sattelfest und somit konnte er sie auch nicht weitergeben. Dies hatte Beethoven erst in Wien bei Albrechtsberger nachholen müssen. Hingegen zu Neefe, der unumstritten unter dem musikalischen Einfluss Hillers stand, so fand doch Beethoven schon in jungen Jahren seinen eigenen kompositorischen Stil. Wo seine Genialität im Vergleich zu Bach, Händel, Haydn, Mozart oder dem späteren Schubert stehen. Beethoven, dessen ersten Werke, über alles Alte hinaus, besaß geradezu eine phänomenale kompositorische Vorstellungskraft, die seines Lehrers weit übertrafen. Noch stehen zwar seine ersten Klaviersonaten und auch das 1.Klavierkonzert unter dem musikalischen Einfluss Mozarts, aber bereits bei den ersten symphonischen Werken entwickelte Beethoven eine kompositorische Eigenständigkeit und eine derartige Perfektion, die einfach nur als heroisch zu bezeichnen wäre. Es ist bei Beethoven nicht nur eine künstlerische, es ist ebenso eine menschliche, moralische Entwicklung, die aus dem Schönen, Gütigen der Anfänge, aus seinem eigentlichen Grundwesen und seiner Lebenserfahrung hier das musikalische Ohr erschüttern kann - und es ist das Erlebte und Erfühlte das aus seinen göttlichen Klängen herauszuhören ist. Mag auch Neefe seinen Schüler „Erfühlen und Erleben" immer wieder gepredigt haben, so ist es ihm selbst doch nie ganz gelungen seine „innere so schmerzvolle Gedankenwelt" musikalisch auszudrücken. Durch Beethovens Sprache in der Musik ist eine schöpferische Kraft entstanden, der aller Menschen Herzen berührt, wodurch alles Völkerverbindende sich zu einer Einheit zusammenschließt. Mag Neefe zwar durchaus die musikalische Genialität seines Schülers erkannt haben, so war er doch selbst nach musikalischen Grundgesetzen so festgelegt, sodass er in den kompositorischen Grundregeln zwar hilfsbereit, aber für eine kompositorische Weiterentwicklung sicherlich nicht fördernd war. Diese kompositorische Freiheit hatte der junge Beethoven für sich selbst in Anspruch genommen, frei von den Vorschriften seines Lehrers, frei vom damaligen barocken Musikstil, hatte er seinen eigenen kompositorischen Stil gefunden. Natürlich war Neefe seinerzeit in allen Unternehmungen Beethovens auch unterstützend, hier den jungen Praktikanten in Vertretung, an stelle des beurlaubten Kapellmeisters Luchesi, zu einer Anstellung als Hilfsorganisten verhalf. Weiterhin empfahl er ihn und vertraute ihm ebenso auch die Klavierproben am Theater an. Seitdem Max Friedrich, nun Neefe inzwischen ganz in seine Dienste genommen hatte, war dieser jetzt in doppelter Eigenschaft für den Kurfürsten tätig. Wo von nun an, man seinen Schüler als Hilfsorganist und Cembalist, zwar mit einem geringen Einkommen beschäftigte, wodurch er aber seinen Vater ein wenig finanziell entlasten konnte. Aber auch hier schienen sich nach dem Tod von Max Friedrich alle Vereinbarungen in Luft aufgelöst zuhaben. Nach der Rückkehr Luchesis, setzte sich Neefe wieder selbst an seine Orgelbank, wo ihm sein vor kurzem noch in Anspruch genommener Gehilfe nun als überflüssig erschien. Ob sich Neefe hier um anderweitige Anstellungen für seinen so begabten Schüler gekümmert hat ist nicht bekannt. Also insofern war er zwar Lehrer, aber offenbar nur ein geringer Förderer was den weiteren beruflichen Werdegang des jungen Beethoven betraf.

-

War es doch in erster Linie seinem Förderer Graf Ferdinand, Ernst von Waldstein zu verdanken, dessen Freundschaft bereits in Bonn entstand, und wo auf dessen Empfehlung Beethoven auch zum ersten Mal nach Wien kam. Hier außerdem Waldstein die Reise seines Freundes finanzierte, wo über Bonn hinaus auch in Wien beide noch eine jahrelange Freundschaft miteinander pflegten. Gerüchten zufolge soll Neefe den Anstoß dazu gegeben haben, das Beethoven die Reise nach Wien antreten sollte, um hier Kontakt mit Mozart und Haydn aufzunehmen, in der Hoffnung, hiermit das Fortkommen seines Schülers unterstützen zu können. Ob es hier zu einem Treffen mit Mozart gekommen ist, konnte bis heute nicht erwiesen werden. Ebenso ist die Aussage vonseiten Mozarts: „Auf den gebt acht - der wird einmal in der Welt von sich Reden machen." leider ein überliefertes Klischee von einigen Beethovenforschern, da weniger die Recherche von Bedeutung war, sondern man doch eher auf Gerüchte und Sensationslust setzte. Das diese erste Reise nach Wien im Frühjahr 1787 aber leider unter keinem guten Stern stand und durch unerwartete Schicksalsschläge unterbrochen werden musste, erahnte der junge

Beethoven zunächst nicht. Denn aufgrund eiliger Briefe vonseiten des Vaters wurde Beethoven wieder nach Bonn zurückbeordert. Litt doch die Mutter schon seit langem an einer schweren Lungenentzündung, der sie am 17.Juli 1787 erlag und wo die Familie in eine äußerst schwierige Notlage geriet. Ein großer Teil der elterlichen Habe wanderte zum Pfandleiher oder Trödler und der geringe Verdienst des älteren Bruders reichte nicht aus, um all die lebensbedingten Mängel zu decken, geschweige denn der Mutter ein ordentliches Begräbnis zu besorgen. In dieser Not stand Beethovens befreundeter Geiger Franz Ries hilfsbereit zur Seite und es konnten Dank seiner Unterstützung die dringendsten Ausgaben zunächst bestritten werden. Inwiefern Neefe an diesem Schicksal Anteil hatte ist nirgendwo überliefert. Ob es überhaupt noch zu sporadischen Treffen zwischen beiden kam, auch darüber ist uns ebenfalls nichts bekannt. War doch Neefe gerade auch zu dieser Zeit viel zu sehr mit beruflichen Aufgaben beschäftigt, weil die Bonner Hofkapelle inzwischen zu Ansehen erlangte und wo sich namhafte Musiker gegenseitig die Klinke in die Hand gaben. Neefe der zunächst aufgrund der Gerüchte am Hof ursprünglich plante 1784 Bonn wieder zu verlassen, schien nun doch wieder neue Hoffnung zu schöpfen. So schreibt er am 21.Dezember 1788 an Großmann:*„Unsere Residenzstadt wird jetzt immer anziehender für Musikliebhaber...haben wir Gelegenheit, öfters gute Virtuosen auf manchen Instrumenten zu hören...wir haben alle Hoffnung zu einer vortrefflichen Kapelle, zu einer wohl besetzten Oper und zu einem angenehmen Künstlerleben"*. Doch Neefes erfolgreicher Aufstieg in Bonn währte nicht lange. Wenn man bedenkt dass er neben seiner festen Anstellung bei Hofe, und durch andere Nebeneinahmen 1000 Florin (1 Florin = 3,09 EUR) verdiente, wodurch Haushalt und Familie finanziell abgesichert, und von nun an ein sorgenfreieres Leben hätten führen können. Doch der französische Koalitionskrieg machte nicht nur der Familie Neefe einen Strich durch die Rechnung. Vor den nach Bonn herüberflutenden Wellen der Französischen Revolution floh der Kurfürst am 25.Oktober 1792 mit Hofstaat und Kapelle nach Münster, kehrte jedoch im Dezember 1792 wieder in die Residenz zurück, in der er sich bis Ostern 1793 weiterhin aufhielt. Anfang September 1794 floh abermals alles aus Bonn vor der französischen Armee, die am 17.Oktober in die Stadt einrückte. Theater und Musik wurden zunächst eingestellt. Doch während dieser Zeit wurde Neefe unfreiwillig dazu genötigt in Bonn zu bleiben und weiterhin an der Orgel zuspielen, solang dies die Franzosen gestatteten. Er wurde sogar als Munizipalbeamter bei Requirierungen und für administrative Aufgaben eingesetzt. Neefes Frau berichtet über die unheilvollen Zustände und über die Mühsal seiner Arbeiten, und das die Familie Teile ihres Haushaltes verkaufen musste, um überhaupt leben zu können. Eine Besserung trat erst ein, nachdem ihr Mann das Amt eines Registrators übernehmen konnte, jedoch nur solange, bis die Franzosen die gesamte Administration wieder aufhob. Unter solchen Umständen wäre Neefe gern seiner ältesten Tochter Louise nach Düsseldorf gefolgt, wo sie als Sängerin bei der Theatergruppe Hunnius auftrat. Anton Christian Hunnius war ein anerkannter Schauspieler und Schriftsteller, der der Bellomoischen Gesellschaft in Weimar angehörte, und danach Medizin in Jena studierte, sich dann aber doch wieder fürs Theater entschied, und 1794 Theaterdirektor in Düsseldorf wurde. Neefes Kurzurlaub nach Düsseldorf wurde jedoch vonseiten des Kurfürsten nicht bewilligt, und Neefe schwankte wieder einmal zwischen Neigung und Pflicht.

-

Neefes letzten Jahre in Dessau

Als der Theaterdirektor Friedrich Wilhelm Bossann aus Dessau Neefe die Stelle des Konzertmeisters anbot, schien er und seine Familie nun Bonn für immer den Rücken gekehrt zuhaben. Bossann der auch die Anhaltische Philharmonie gründete, kam wie so viele seiner Kollegen vom Schauspiel, wo er zunächst 1777 in komischen und tragischen Väterrollen bei der Jean - Tyllischen Gesellschaft als Gast auftrat, und später bei der Großmannchen Truppe 1786 seine Karriere als Schauspieler fortsetzte. Da bereits auch Neefe neben seinen künstlerischen Aufgaben bei Großmann, ebenso in seinem Salon verkehrte, so ist anzunehmen das Neefe Bossann gegenüber seit langem kein Unbekannter mehr war, und sich aus beider Kontakt höchstwahrscheinlich auch eine Freundschaft ergeben hatte. Wie überglücklich müssen die Neefes gewesen sein, als sie endlich in ihre alte Heimat zurückkehren durften. Bei einem Aufenthalt in Leipzig Oktober 1996 weiß Neefes Frau Folgendes zu berichten: *„Wie glücklich fühlten wir uns beim Eintritt in die schöne Stadt, wo man wieder alte Freunde traf, unter anderem auch Hiller, wo man zugleich auch den wirren Verhältnissen im Rheinland entkommen konnte"*. Allein das Glücksgefühl sich wieder in Sachsen aufhalten zu können, ließ das Ehepaar Neefe wieder auf bessere Zeiten hoffen und man rechnete damit, vom Kurfürsten in Leipzig das ausstehende Gehalt persönlich empfangen zu können. Doch stattdessen erhielt Neefe nur einen förmlichen Abschied, indem man sich auf die derzeit traurigen Kriegsumstände berufen hatte und ihm zwar ein Zeugnis ausstellte, aber auf eine weitere Anstellung bei Hofe verzichtete. Im Dezember 1796 ließ sich die Familie in Dessau nieder. Dort regierte der anhaltische Fürst Leopold Friedrich Franz, auch liebevoll „Vater Franz" genannt, der im Bemühen um eine gute Hofmusik vom Hofkapellmeister Friedrich Rust aktiv unterstützt wurde. Zwar gab es bereits auch seit 1794 unter der Leitung von Bossann ein festes Schauspielensemble, das auch in Naumburg, Zerbst und Leipzig gastierte, hier aber in Dessau sich vorab mit einer primitiven Spielstätte der kurfürstlichen Reitbahn zufrieden geben musste. Erst 1798 ließ sich der Hof einen repräsentativen Theaterbau errichten, wo von nun an auch musikalische Werke aufgeführt wurden. Da Bossann aus Mainz den Kammermusiker Konrad Jacobi als Kapellmeister eingestellt hatte, stellte er Neefe zunächst als Konzertmeister und Korrepetitor ein. Neefe hatte hier im Allgemeinen nur als Konzertmeister zu fungieren. Er konnte aber mit seinen Singspiel - und Opernerfahrungen bei einer meistens oft kleinen Orchesterbesetzung, sich musikalisch profilieren und gut einbinden. In weiterer Protektion gelang es dem Vater Neefe seine noch sehr jungen Töchter in der Bossann Truppe unterzubringen, Gretchen Neefe agierte als jungendliche Darstellerin, und Louise stand ebenfalls bereits seit 1796 im Dienste Bossanns, wo sie den im selben Ensemble dazugehörigen Bonvivant und Tenor Joseph Carl Aue ehelichte. Auch Felice Neefe übernahm 1798 in Opern, Singspielen und Schauspiel jugendliche Rollen, während ihr Ehemann Roesner als Tenor eingesetzt wurde. Also eine Künstlerfamilie durch und durch wie sie auch heute noch zu beobachten ist. Doch vermutlich ein Familienunternehmen auch deshalb, um wirtschaftlich besser über die Runden zu kommen. Denn wie bereits in einem meiner Kapitel erwähnt, waren die damaligen Gagen, aber ebenso auch wie die heutigen, nicht übermäßig hoch.

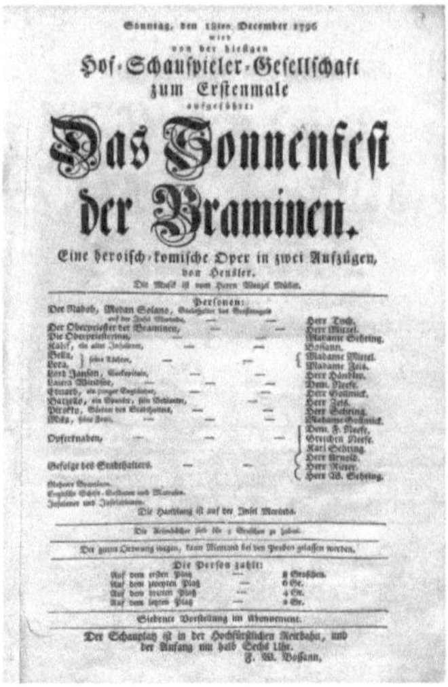

Sonntag, den 18ten December 1796
wird
von der hiesigen
Hof-Schauspieler-Gesellschaft
zum Erstenmale
aufgeführt:

Das Sonnenfest der Braminen.

Eine heroisch-komische Oper in zwei Aufzügen,
von Hensler.
Die Musik ist vom Herrn Wenzel Müller.

Personen:

Herr Toch.
Herr Mizzel.
Madame Gehring.
Boßann.
Madame Mizzel.
Madame Zeis.
Dem. Neefe.
Herr Gollmick.
Herr Zeis.
Herr Gehring.
Madame Gollmick.
Opferknaben
Dem. F. Neefe.
Gretchen Neefe.
Karl Gehring.
Gefolge des Stadthalters.
Herr Arnold.
Herr Ritter.
Herr W. Gehring.

Die Handlung ist auf der Insel Mariada.

Die Person zahlt:

Siebente Vorstellung im Abonnement.

Der Schauplatz ist in der Hochfürstlichen Reitbahn, und der Anfang um halb Sechs Uhr.
F. W. Boßann,

Das Sonnenfest der Braminen, in der Besetzung mit Louise, Felice und Gretchen (Margarete) Neefe

Folglich wenn hier zwei Personen eines Haushalts gemeinsam auf der Bühne standen, ließ sich der Lebensstandard ein wenig aufbessern. Das

Dessauer Theater zählte wie so viele andere kleinere Theater seinerzeit noch zur Provinz und stand nicht im Vergleich zu Berlin, Leipzig, Dresden oder Wien, wo man sich überhaupt erst einen Namen machen musste, um dort an diesen großen Häusern auftreten zu können. Außerdem ist nicht zu vergessen, dass die Auftritte des damaligen Bossannschen Ensembles in Leipzig oft als mittelmäßig und schlecht beurteilt worden sind. Nach einigen Schicksalsschlägen in der Familie, schien Neefe auch nicht mehr die Kraft zuhaben um seiner weiteren musikalischen Tätigkeit nachzugehen. Immer mehr zog er sich aus dem Theaterbetrieb zurück. Erst der Verlust seines erstens Sohnes, dann die spätere Trennung von seinem geliebten Gretchen, die ihre eigenen Wege gegangen, und mit ihrem Mann, dem berühmten Schauspieler Ludwig Devrient nach Wien gegangen ist. Auch Felice ging mit ihrem Mann nach Wien. Zurück blieb eigentlich nur noch Louise, die sich um ihren inzwischen erkrankten Vater kümmerte. Ein ungewöhnlicher Katarrh hatte Christian Gottlob Neefe mit aller Heftigkeit gepackt, von dem er sich nie mehr erholen sollte und ihn nach einigen Tagen der Unruhe in einen ewigen Schlaf versinken ließ. *„Sein Ende war so ruhig und sanft - als sein Leben unruhig und kummervoll gewesen!"* waren die Worte seiner Witwe, die ihren Mann um 23. Jahre überlebt, und in tiefster Armut zurückgeblieben, im Alter von 71.Jahren am 7.11.1821 in Wien verstarb, wo sie auf dem Hundsturmer Friedhof, jetziger Haydnpark am Gaudenzdorfer Gürtel, in einem Armengrab beigesetzt wurde. Nach Aushebung der Matrikeln von St. Josef ob der Laimgrube ist sie nicht einmal im Beisein eines Priesters und in Anwesenheit von Familienangehörigen zu Grabe getragen worden. In der Wiener Zeitung vom 14.November 1821 finden wir unter Verstorbene nur einen kurzen Vermerk abgedruckt: *Fr. Susanna Neefe, Kapellmeisters Witwe, alt 71 J. auf der Laimgrube Nr.15, am Lungenbrand.* Somit wissen wir zumindest, dass sie an einer Lungeninfektion, auch Gangraena pulmonis genannt, gestorben ist. Welch trauriges Ende!

Im Kirchenbuche „St. Johannis" zu Dessau findet sich folgende Eintragung über ihren Mann: *„1798. Nr. 7: den 29. Jan. ist HEr: Christian Gottlob Neefe, Conzertmeister bei Sr. Hochfürstl. Durchlaucht dem regirenden Fürsten, so am 26. dito früh um 5 Uhr alhier an der Brustkrankheit verstorben, begraben worden. Seines Alters 49, 11 Monate und 3 Wochen. 2 thlr. 8 Silbergr. 16 Pf."*

Neefes Grabstätte auf dem Dessauer Friedhof ist ebenso wenig wie die seiner Frau in Wien erhalten. Kurz vor Christian Gottlob Neefes Tod waren die ersten gedruckten Exemplare der Herderschen „Bilder und Träume" in Dessau eingetroffen, wo nun die zurückgebliebene Witwe im Sinne ihres Gatten jenes an seines Hochwürden mit folgenden Worten verschickte: *Hochwürdiger, Hochzuverehrender Herr Vizepräsident,*

Beiliegende Lieder wollte schon mein seliger Mann Euer Hochwürden als einen Beweis seiner innigsten Verehrung übersenden. Der Tod übereilte ihn; er starb wenige Tage nach der Ankunft der ersten fertig gewordenen Exemplare, die ihn schon sehr krank antrafen. Indem ich sein Vorhaben ausführe, genieße ich zugleich das Vergnügen, Euer Hochwürden auch meinen Teil der vorzüglichen Verehrung abzutragen, die Ihnen jeder aufrichtiger (!) Liebhaber des Guten und des Schönen schuldig ist.

Euer Hochwürden gehorsamste Dienerin

S.Neefe,Witwe

Das Neefe seinerzeit trotz seines Erfolgs in großer Armut verschied, war nicht nur allein auf den Koalitionskrieg zurückzuführen, sondern weil er bei einem breiteren Publikum, sowie bei einigen Verlegern, als auch Theaterdirektoren total in Vergessenheit geriet. Nur vage konnte man sich an Neefe noch erinnern, wo man ihm zu Unrecht nur als den Lehrer Beethovens ein Denkmal gesetzt hatte. Immerhin zählte er doch zu den fleißigsten und vielseitigsten Musikern und Komponisten Sachsens, wo es doch beinahe wie ein Treppenwitz erscheint, das er einzigallein durch seine Lehrtätigkeit, aber nicht durch sein musikalisches Oeuvre, welches in der gesamten Musikgeschichte von unschätzbaren Wert ist, gebührend gewürdigt wurde. Nicht zu vergessen dass Neefes vielseitigen Begabungen auch der Schreiberei galten, die nachweislich in Cramers Magazin der Musik und in Johann Gottlieb Spaziers Berlinische Musik - Zeitung Früchte trugen. Zweifellos ist es ferner auch bekannt, wer Neefes Stil kennt, dass auch aus anderen Zeitungen, wie dem Gothaer Theater - Kalender viele Artikel seiner Feder entstammen. Er ebenso auch neben dem Klavier und der Orgel, auch das Musizieren mit der Flöte und der Geige verstand. Bei allen künstlerischen Fähigkeiten ist er ein Leben lang ein sehr bescheidener Mensch geblieben. Vielleicht war er zu bescheiden um Anspruch zu erheben auf eine Anerkennung und Wertschätzung die ihm auch nach seinem Tod gebührte!

-

Neefes Selbsterkenntnisse

Einen durchaus interessanten Eindruck gewinnen wir durch Neefes Selbstbeobachtungen, die genauestens seinen Charakter beschreiben, und wir hier insofern auch keine weiteren Vermutungen mehr über den Menschen Neefe anstellen müssen. Mit welcher Deutlichkeit er sich hier selbst beschreibt, ist auf die Lebensweisheiten zurückzuführen, die er sich durch Fleiß, Ehrgeiz und Lernbereitschaft im Laufe der Jahrzehnte angeeignet hatte. Welches aber nachweislich auch im Verkehr zu seinen intellektuellen Kreisen in Leipzig steht. Es waren nicht nur Hiller,

Gellert, Herder und Klopstock die seinen Geist beflügelten, sondern es waren viele andere Dichter und Denker seiner Zeit, die sein Leben prägten. Sein Weitblick und die wahre Erkenntnis zum Leben und des Erlebens, die Wahrheit darüber der Gegenwart ins Auge zu blicken, jeden Kampf in sich aufzunehmen, und sei er noch so schmerzlich, mit Ehrlichkeit und Tugendhaftigkeit allem Bösen zu trotzen, haben Neefe zu einer wahren menschlichen Größe gemacht. Er mag vielleicht schwierigen Charakters, aber dennoch ein gutes und vertrauensvolles Gemüt gewesen sein, und besaß eine Gradlinigkeit die mit Verantwortlichkeit und Pflichterfüllung im Einklang stand. Und das waren eindeutig die Tugenden seines Erfolges:

Ich hab' eine lebhafte Einbildung, schnelle Empfindung, schwaches Gedächtnis, stärkere Beurteilungskraft und Gefühl für alles, was moralisch und physisch gut und schön ist; doch ist dieses Gefühl nicht immer gleich warm. Ich verehre die Religion des Herzen, liebe alle Menschen, hasse die Bosheit, dulde gern Irrtümer des Verstandes und entschuldige gern Schwachheiten des Herzens. Ich bin dienstfertig, hege Mitleiden mit dem Unglücklichen, bin hartherzig gegen Arme, die es aus Müßiggang sind.

Ich ehre das schöne Geschlecht. Mein Herz ist sehr zur Freundschaft geneigt: doch erricht ich nicht mehr so leicht Freundschaften, weil mich Hintergehungen vermeinter Freunde argwöhnisch und zurückhaltend gemacht haben. Gegen geprüfte Freunde aber bin ich treu, tätig, offenherzig und mitteilend. Freimütig bin ich gegen Jedermann.

Ich bin kein Freund des Zeremoniells, der Etikette, noch leerer Komplimente. Oft werd' ich deswegen sonderbar, wohl auch beleidigend, Schmeichler und Zuträger verabscheue ich.

Ich bin gern wirksam, gehe nie eigentlich müßig; aber mechanisches Arbeiten ist mir fatal. Ohne Laune komponier ich nicht. Und die Arbeiten, die ich zu Zeiten ohne dieselbe habe fertigen müssen, sind solche, die ich nicht weiter für die meinigen erkennen mag.

Ich habe einen Hang zur Einsamkeit und zum Landleben. Ich bin traurig und fröhlich; doch das erste mehr als das letzte. Diese beiden Leidenschaften, Traurigkeit und Fröhlichkeit wechseln bei mir zuweilen sehr schnell ab, wie bei allen Hypochondristen. In hypochondrischer Stimmung seh' ich leicht Dinge in einem falschem Lichte. Auch wandelt mich darin manchmal ein Hang zu übertriebener Sparsamkeit an; sonst schätz ich das Geld eben nicht sehr. Witterung hat auf meinen Körper und Humor besonders starken Einfluß. Bisweilen bin ich ein muntrer Gesellschafter, bisweilen auch ein sehr lästiger. Manchmal bin ich mürrisch und bitter in meinen Ausdrücken.

Rang und Titel sind mir gleichgültig, wenn sie nichts zu kräftiger Wirksamkeit beitragen. Aber immer lieb ich die Ehre, und sie ist die Triebfeder vieler meiner Handlungen. Doch bin ich manchmal zu stolz, manchmal zu bescheiden.

Zuweilen zu kühn, zuweilen zu furchtsam. Bald getrau ich mir die schwersten Arbeiten zu vollenden, und bald glaube ich kein Menuett zu machen oder keinen Brief an meinen Schustermeister schreiben zu können.

Jeden fremden Verdienst, es mag den meinigen gleichen oder dasselbe überwiegen, laß ich gern Gerechtigkeit widerfahren, und wenn ich es auch bei meinen Feinden finde.

Ich bin jähzornig, leicht zu beleidigen durch Spötteleien, durch Anfälle auf meine Ehre und mein Herz, durch Eingriffe in mein Amt und durch versäumte Berufspflichten, aber auch leicht wieder zu besänftigen und zu versöhnen. Nur tu ich nicht gern den ersten Schritt zur Versöhnung, wenn ich beleidigt worden bin, wohl aber, wenn ich beleidigt habe. Rachsüchtig bin ich nicht, und um Privatbeleidigungen laß ich nie das Ganze leiden, das von meiner Wirksamkeit und gänzlich oder zum Teil abhängt. Ich hasse die Parteilichkeit. Zutrauen zu dem, der mich einmal planmäßig betrogen hat, gewinne ich schwerlich wieder.

Ich trinke gern Wein, bisweilen mehr, als ich für meine Gesundheit sollte; dann aber hüte ich mich vor diesem Getränke, wenn ich Geschäfte oder Arbeiten vor mir habe. Sonst kann ich meine Bedürfnisse nach meinen Umständen einschränken. Von der Mode laß ich mich nicht tyrannisieren.

Die Großen der Erde lieb' ich, wenn sie gute Menschen sind, ihre Gesetze verehr' ich, wenn sie das Beste der bürgerlichen Gesellschaft befördern; doch dräng ich mich niemals bei ihnen zu. Schlimme Fürsten hasse ich mehr als Banditen.

Ich strebe nach Erweiterung meiner Kenntnisse und nach Verbesserung meines Herzens, ob ich gleich auch hierinnen nicht selten mit Schwachheiten, Nachlässigkeiten und Leidenschaften unter Umständen zu kämpfen habe.

In einem weiteren Brief (30.Sept.1782) wo Neefe über die Bonner Zeit berichtet, entdecken wir wiederum in den Schlusssätzen eine gewisse Todessehnsucht, die in Verbindung seiner Hypochondrie ihn immer wieder begleitete. So lässt sich doch aus diesen Worten schließen, welche Verbitterung in seinem Herzen gewütet haben muss, nicht nur aufgrund von Widerwärtigkeiten die ihm in Bonn widerfahren, sondern wo er außerdem seiner Krankheiten wegen, ebenso auch des Lebens überdrüssig war. Denn diese von Zeit zu Zeit auftretende Lebensüberdrüssigkeit, ist bei Neefe in seinen einzelnen Lebensabschnitten immer wieder zu beobachten. Seine Worte sind ein Spiegel seiner selbst, welches uns in die Abgründe seiner Seele blicken lässt: *Bis hierher mein unbedeutendes, einfaches Leben. Möchte ich die wenigen Jahre, die ich nach meinem kränklichen Körper etwa noch zu leben habe, ruhiger und nützlicher für meinen Geist, für meine Familie und für meine*

Mitmenschen anwenden, und dann endlich Bruder Hain mit freudigem Herzen umarmen können!

Abhängig von seinen ständigen Stimmungsschwankungen, hier sogar die Witterung auf seinen Körper und Humor Einfluss genommen hatten, so kann man davon ausgehen, dass Neefes psychische Erkrankung durch verschiedenste Ursachen bedingt, bereits in der Kindheit als Wurzel allen Übels begonnen, wodurch sich sein hypochondrisches Verhalten durchaus erklären ließe. Ob entweder genetisch bedingt, durch die Mutter oder den Vater, oder ob es die ersten Anzeichen einer Pubertät, oder der traumatische Verlust eines geliebten Menschen waren, konnte bisher, außer neben den eigenen Aussagen Neefes, dokumentarisch nie genauestens widerlegt werden. Doch umgekehrt gibt es uns zu bedenken, dass hier Neefe selbst uns mit der Aussage zu überzeugen vermag, das angeblich sein Vater der eigentliche Keim seiner Hypochondrie gewesen sein soll, und das dieser selbst in verschiedenen Perioden von dieser Krankheit belastet war. Stellt sich also die Frage: War Neefes Erkrankung doch genetisch bedingt? Nicht zu vergessen, dass er bereits schon in seiner Kindheit mit der englischen Krankheit behaftet war, und er offensichtlich, wenn nicht sogar schon seit seiner Geburt, immer anfällig für irgendwelche Krankheiten war. Was seine Hypochondrie betrifft, so wissen wir heute, dass diese Art von Zwangsneurosen jederzeit behandelbar, aber zur damaligen Zeit doch eher ein Tabuthema war. Nachzuempfinden ist nur, wie sehr Neefe unter seiner Krankheit gelitten haben muss, wo er sich aus dem Teufelskreis ausgeprägter Ängste, die Zeit seines Lebens Besitz von ihm genommen hatten, nie ganz hat befreien können. Denn ob Christian Gottlob Neefe ein „eingebildeter Kranker" war, dem organisch überhaupt nichts fehlte, oder ob seine Ängste ebenso auch Ausdruck hoher Stressbelastungen waren, können wir nicht beurteilen. Doch es lässt vermuten, wenn wir uns mit Neefes Charakter und Lebensbiografie intensiver auseinandersetzen. Des Weiteren ist bei Christian Gottlob Neefe eine Dysmorphophobie zu beobachten, wo er sich selbst aufgrund seiner Hypochondrie, beginnend mit vierzehn Jahren, von nun an als missgebildet darstellt. Ob diese Interpretation in Verbindung mit seiner Krankheit doch eher einer Wahnvorstellung entspricht, und Neefe selbst in Wahrheit nämlich gar nicht missgebildet war, darüber können wir selbst nur Vermutungen aufstellen. Medizinisch gesehen, könnte hier die Dysmorphophobie spezifisch monosymptomatischer Formen, durchaus einer Hypochondrie entsprechen, so deutet doch Vieles daraufhin, vorausgesetzt dass eine Missbildung bestanden haben sollte, dass sie zumindest optisch kaum wahrzunehmen war. Wenn er hier also von einem nicht geraden Körper spricht, so kann das jederzeit auch der Auslöser für eine schlechte

Haltung gewesen sein. Wie Neefe weiter beschreibt, soll es laut seiner eigenen Aussagen, sich hier aber mehr oder weniger um hypochondrische Phasen gehandelt haben, welche doch eher durch Stressbelastungen ausgelöst, hier aber Neefe in privaten, beruflichen und glücklichen Erfolgsphasen keineswegs unter Depressionen gelitten haben muss. Denn wie wäre er sonst seiner kreativen, künstlerischen und kompositorischen Arbeit nachgekommen, hätte diese psychische Erkrankung Einfluss auf sein Berufsleben genommen? Belassen wir es also beim Letzteren, denn Neefes Krankheitsbild hier subjektiv zu beurteilen, würden hier doch eher dem einer Verschwörungstheorie entsprechen. Ohne Beweise darüber, außer die eigenen Aussagen Neefes, können wir hier nicht zu einem einheitlichen Urteil kommen, da uns aus dieser Zeit keinerlei ärztliche und medizinische Befunde vorliegen.

-

Beethovens Schicksalsjahre zwischen Bonn und Wien

Ursprünglich sollte es nur eine Studienreise nach Wien werden, und Beethoven hatte keineswegs die Absicht für immer dort zu bleiben. Denn obwohl einiger ausgezeichneten Zukunftsaussichten in Wien, schien Beethoven doch immer wieder Sehnsucht nach seiner geliebten Stadt Bonn zu haben. Allein die liebevolle Aufnahme der Familie Breuning, wo Frau Helene v.Breuning, die nach der verstorbenen Mutter (1787) Beethovens, ihm eine zweite Mutter geworden, schien er doch ebenso zu vermissen, wie sein geliebtes Lorchen, die Tochter des Hauses. Zusammen mit dem Bruder Stephan, er lebte später so wie Beethoven in Wien, verband bis zu Beethovens Tod eine herzliche Freundschaft. Im Hause Breuning herrschte ein ungezwungener, gebildeter Ton. Freunde zeichneten sich durch gesellige Unterhaltung aus, welche das Nützliche mit dem Angenehmen verband. Dazu gesellten sich auch oft der Mediziner Franz Gerhard Wegeler, der 1802 Eleonore (Lorchen) heiratete, und der Förderer Beethovens Franz Ernst Ferdinand Waldstein, der später Beethoven dann nach Wien folgte. War es doch wohl sein einziger Trost, die so geliebten Freunde in seiner Nähe zu wissen. Außerdem fiel es Beethoven nicht gerade leicht, sich in Wien einzuleben. In dieser fremden Umgebung, wo er für die Wiener beinahe exotisch wirkte, mit seiner leicht bräunlichen Haut und mit dem pockennarbigen Gesicht. Er, der eher das Aussehen eines Südländers besaß, wie oft wurde er angefeindet und gemieden. Wo er außerdem mit seinem laut gestikulierenden rheinländischen Dialekt oft unangenehm auch in aristokratischer Gesellschaft immer wieder aneckte, und auf Empörung und Unverständnis stieß. Beethoven spielte also mit dem Gedanken nach seinem Unterricht bei Haydn und Johann

Georg Albrechtsberger wieder nach Bonn zurückzukehren. Aber als am 8.Oktober 1794 die französischen Truppen in Bonn einmarschierten, blieb ihm die Rückkehr in sein so geliebtes Heimatland für immer versperrt. Auch hier erkennt man eine Parallele zu Neefe, der trotz seines jahrelangen Aufenthalts in Bonn doch immer wieder Sehnsucht nach Sachsen, nach seinen ursprünglichen Wurzeln hatte, und nur aufgrund seiner Berufung und Dank vieler Freunde, wo viele doch ebenso aus seinen Heimatland kamen, sich der rheinländischen Mentalität anzupassen versuchten. Wie muss es Beethoven mit seinen deutschen Wurzeln zunächst in Österreich ergangen sein? Und doch schaffte er es, sich in Wien zu etablieren bzw. man schaffte es, Beethoven aufgrund seiner musikalischen Genialität an Wien für immer zubinden.

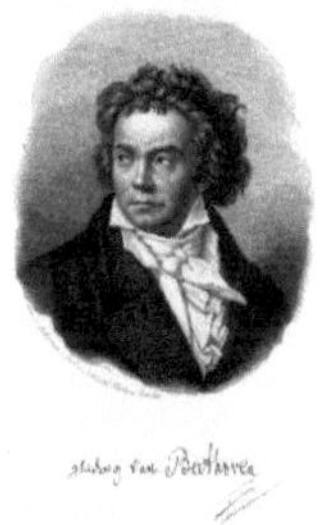

Beethoven Porträt nach Ferdinand Schimon
Aus der Privatsammlung Manuela Miebach

Das Jahr 1793 mit dem Unterricht bei Haydn, und danach bei Johann Georg Albrechtsberger, schien also bereits von ersten Erfolgen gekrönt, wo unter anderem auch die Begegnung mit Fürst Karl v.Lichnowsky, in dessen Haus er im Sommer 1794 eine Wohnung bezog, hier von entscheidender Bedeutung für sein weiteres Musikschaffens war. Dort lernte er auch den Geiger Ignaz Schuppanzigh kennen, der ihm zu einem jahrzehntelangen Freund wurde, und der durch seine Konzertveranstaltungen im Wesentlichen dazu beitrug, dass Beethovens Werke einem breiteren Publikum vorgestellt wurden. Auch Verbindungen zu Fürst Lobkowitz und Fürst Ferdinand Kinsky eröffneten dem jungen Beethoven den Zutritt zu weiteren aristokratischen Kreisen, die auch hier Beethovens Genialität schon lange erkannt und sich inzwischen dessen bewusst waren, ließe man Beethoven Wien für immer verlassen, was für ein wertvoller Musiker ihnen da verloren ginge. Und so versuchte man ihn für immer an Wien zu binden, indem man ihm versprach eine Rente von 4000 Gulden zu zahlen. Der Vertrag wurde am 1.März 1809 im Beisein des Erzherzogs Rudolf abgeschlossen. Beethoven war also zu dem Zeitpunkt bereits 39.Jahre alt und konnte, zumindest was seine finanzielle Absicherung betraf, hoffnungsvoll in die Zukunft blicken. Aber aufgrund der darauf folgenden Belagerung und Besetzung Wiens durch die Franzosen im Mai 1809 ergaben sich für Beethoven unerwartete soziale Schwierigkeiten. Die kaiserliche Familie war auf der Flucht vor den französischen Truppen, und außerdem wurde die anfangs zu hoch angesetzte Rente durch die Währungsreform am 20.Februar 1811 von 1360 Gulden auf 952 Taler herabgesetzt. Ganz zum Missfallen Beethovens, der daraufhin mit Lobkowitz und Kinsky beinahe in Streit geriet. Zu allem Unglück verstarb Kinsky im November 1812 bei einem Reitunfall in Prag, sodass auch hier die Zahlungen bis März 1815 überhaupt nur unregelmäßig, also am Ende sogar eingestellt wurden. Denn die Erben wollten das Legat an Beethoven nicht weiterführen. Erst nach gerichtlichen Schritten mit Unterstützung des Erzherzogs Rudolf, einigte man sich mittels eines Vergleichs, die Rentenzahlungen wieder fortzusetzen. Während dieses Prozesses war Beethoven finanziell oft auf sich allein gestellt, und musste bei seinen Verlegern und Freunden immer wieder um einen Vorschuss bitten.

Seit dieser schönen Bonner Jugendzeit hatte sich zum Nachteil vieler Menschen, politisch und wirtschaftlich innerhalb Europas viel verändert. Napoleon hatte die Weltherrschaft an sich gerissen. Überall in Europa herrschten große Unruhen und Kriege. Wo der Arbeiterstand, die Bauern, und überhaupt die Ärmsten der Armen ums nackte Überleben kämpften. Aber auch das einst so wohlhabende Bürgertum musste von nun an in oft bescheidenen Verhältnissen leben, als auch der Adel, dessen Besitztümer, insbesondere in Frankreich konfisziert wurden und dem napoleonischen Reich zufielen.

So wie Neefe hatte auch Beethoven immer wieder Existenzängste, und insbesondere als Künstler, wo es ebenso auch immer wieder ein Berufsrisiko war, überhaupt eine feste Anstellung zu bekommen. Beethoven träumte zeitlebens davon, eine Anstellung als Musiker, Kapellmeister oder Komponist am kurfürstlichen Hofe in Dresden zubekommen. Auch London und Paris zog er in Erwägung, und bis an sein Lebensende an eine Rückkehr nach Bonn. Doch war es wirklich Schicksal, das er für immer an Wien gefesselt war? Umgekehrt war seine wahre Heimat die Musik, und obwohl Beethoven trotz seines späteren Erfolges in Wien, dort eigentlich nie glücklich war, so ist es ihm doch gelungen, in seiner Wahlheimat zu einem wahren Stern aufzusteigen, der im Vergleich zu Neefes musikalischen Erfolgen, in der gesamten Musikgeschichte nie untergehen wird. Neefe vermochte sicherlich einiges dazu beigetragen haben, das aus seinem ehemaligen

Schüler ein weltweit berühmter Komponist wurde; somit wäre seine Lehrtätigkeit durchaus hervorzuheben, aber ein Garant war es weder für Lehrer noch Schüler, welcher von Beiden eines Tages zu den Großen zählen wird. Welch' Schicksal eines jeden Künstlers! Obwohl künstlerischer Begabung, außergewöhnlichen Talents, aller visionären Ideen, aller Inspirationen und Kreativität, der Mühsal und des Fleißes, es doch keine Garantie dafür gibt, dass Jemand wirklich zur Größe erlangt. Berufung und Bestimmung sind eins - aber das Schicksal selbst ist die größte Hure aller Ungerechtigkeiten, wenn man hier allein Franz Schuberts gedenkt, der offenbar zu Lebzeiten als verkanntes Genie erst nach seinem Tod berühmt wurde. Vielleicht war auch Christian Gottlob Neefe ein verkanntes Genie - dem als Diener seiner Kunst nicht einmal ein Ehrengrab zuteil wurde, und dessen Grabstätte im Dunkel des Schweigens untergegangen ist. Denn bis heute gibt es keinerlei Hinweise auf sein Grab. Es ist nur ein amtlicher Vermerk zu Neefes Ableben in den Sterbebüchern der St. Johannis - Gemeinde Dessau zu finden. Vermuten lässt, dass Neefe so wie Mozart in einem Armengrab beigesetzt wurde. Wie aber kommt es, dass so eine geniale, außerordentliche Persönlichkeit wie Christian Gottlob Neefe, mit so einem Ideenreichtum von musikalischen Schaffens verdrängt, vergessen und vernachlässig wurde? Lag es daran, dass seine gesamten Werke nicht mehr dem musikalischen Zeitgeist entsprachen, oder dass er selbst kein Talent dazu hatte, sich zu Lebzeiten dementsprechend zu vermarkten oder vermarkten zulassen? Oder war es einfach nur seine Bescheidenheit wo er selbst von sich schreibt: *Rang und Titel sind mir gleichgültig, wenn sie nichts zu kräftiger Wirksamkeit beitragen.* Vielleicht aber war es einfach nur sein Stolz, nicht mit seinen Werken haussieren zu gehen, um für die Nachwelt mehr von sich reden zu machen. Es könnte mehrere Gründe dafür gegeben haben, dass auch Rochlitz und andere Musikverlage, aufgrund anderer kompositorischer Größen, die nach Neefe kamen, gar nicht daran interessiert waren, den gesamten Nachlass Neefes sorgfältiger zu sortieren, um einer breiteren Öffentlichkeit Zugang zu Neefes Werken zu verschaffen. Selbst im 20./21.Jahrhundert gibt es ganz wenig Tonträger über Neefes musikalisches Oeuvre. Und doch mag sich Neefe, der immer doch im Schatten seines Schülers gestanden hat, vielleicht mit dem Gedanken abgefunden haben, dass sein Name doch eher in Beethovens Biografien geschrieben steht, als auf einem ihm gebührenden Grabsteine, den sich seine Familie offenbar nach seinem Tod nicht hat leisten können, und wo aus unerklärlichen Gründen ihm nicht einmal in seiner Geburtsstadt Chemnitz ein Denkmal gesetzt wurde. So wie er gekommen - ward er gegangen! Der Sohn eines armen Schneiders dessen Name ein musikhistorischer Inbegriff damaliger Zeit war - doch heute nur noch als eine Überlieferung in Verbindung mit Beethoven steht. Mag er der

Nachwelt auch in Vergessenheit geraten sein, so ändert doch nichts an der Tatsache, dass Christian Gottlob Neefe sich trotz aller Schicksalsschläge zu Lebzeiten bereits einen Platz in der Musikgeschichte geschaffen hatte - und das sollten wir nie vergessen!

-

Werkverzeichnis

1.Bühnenwerke

Johann Adam Hiller „Der Dorfbarbier" Komische Operette in 2.Akten/10 Arien von Ch. G. Neefe. Text: Christian Felix Weiße. 1.Aufführung Leipzig 1771, Klavierauszug (Breitkopf & Härtel) 1771

„Die Apotheke" Komische Oper in 2.Akten, Widmung Johann Adam Hiller, Text: Johann Jakob Engel 8Klavierauszug Leipzig 1772 Libretti: 1.Auflage (Dyck 1772), 2.Auflage 1775

„Amors Guckkasten" Komische Operette Text: Johann Benjamin Michaelis, Partitur: Kopie Ende 18.Jahrhundert D-B Sign. Mb. O. 557 Verlust. Klavierauszug: Leipzig (Schwickert) 1772, Libretto und Klavierauszug: München, (Drei-Masken-Verlag) 1922

„Die Einsprüche" Komische Oper in 2.Aufzügen Text: Christian Friedrich Michaelis. Erste Aufführung, Leipzig, 16.Oktober 1772, Partitur 1773, B-Bc Sign. Mus. L 2444, Klavierauszug: Leipzig (Schwickert)1773

„Heinrich und Lydia" Drama in einem Akt, 1.Aufführung Berlin 26.März 1776, Klavierauszug: 1.Kopie Ende 18.Jahrhundert, exakte Abschrift des Flittner Druckes von 1777, D - Hs Sign. ND VI 3010

„Zemire und Azor" Komische Oper, Text/Übersetzung M. A. von Thümmel nach Marmontel, Komposition vermutlich 1775 nach Gerber, Lexikon II. S.15, 1.Aufführung Leipzig 5.März 1776, Klavierauszug: „der Blumen Königin verblühe an meiner frohen Brust", Arie aus Zemire und Azor", in: Johann Adam Hiller, Zweite Sammlung der vorzüglichsten noch ungedruckten Arien und Duetten des deutschen Theaters, Leipzig (J.F. Junius) 1777, S.40ff. B-Bc, D -Hs, D-Mbs (Nachweis Leux S.32). Libretto: Frankfurt und Leipzig 1776, D – B Auf dem Titelblatt findet sich ein handschriftlicher Vermerk: „Gétry". Dies ist ein Hinweis auf die Oper „Zemire und Azor" von André Ernest Modeste Gétry, die erfolgreicher war als die Oper Neefes. Es ist nicht ausgeschlossen, dass die Übersetzung des Librettos von 1776 nach der Grétryschen Komposition unterlegt worden ist. Mit neuem Text und um einige Stücke erweitert, erschien Neefes Werk dann unter dem Titel „Was vermag ein Mädchen nicht?" (s. u.).

„Was vermag ein Mädchen nicht?" Singspiel in 4 Akten, Text: Gustav Friedrich Wilhelm Großmann, 1.Aufführung 18.Mai 1778 in Frankfurt am Main, Libretto:

Braunschweig (Schulbuchhandlung)1789,D-B Eintrag im Aufführungskalender Wolffenbüttel, Nachweis Libretto: Theatermuseum Köln, Es handelt sich um eine Überarbeitung des Singspiels „Zemire und Azor"

„Der Zigeuner" Singspiel, Text: Heinrich Ferdinand Möller, 1.Aufführung in Frankfurt am Main, November 1777, Manuskripte: Ende 18. Jh., D-B Sign. Mus. ms. 29487, Verlust

„Sophonisbe" Ein Melodrama Widmung: Erbprinzessin von Hessen-Darmstadt, Text: August Gottlieb Meißner, Komposition im Zeitraum 1776-1777 (Nachweis Leux, S.58), 1.Aufführung am 3.November 1778 in Mannheim. Manuskripte: 1. Autograph A – Wgm, 2.Autographes Fragment D-B Sign. Mus. Ms. Autogr. Chr. G. Neefe 1 XIX 4'. Klavierauszug: Leipzig (Schwickert) 1782, A-Wn, D-BH

(Teilbibl. Musiktheater Turnau) D.Hs, D-Mbs, D-Dlb, D-BNab, D-Lem, DK-Kk, DK-Kv, F-Pc, GB-Lbl, US-BP. Im Vorwort des Klavierauszugs wird die vollständige Partitur des Werks „für sechs Louis d'or" angeboten, vermutlich hat zumindest eine entsprechende Abschrift existiert.

„Adelheit von Veltheim" Ein Schauspiel mit Gesang in 4 Akten, Text: G. F. W. Großmann, 1.Aufführung am 23.September 1780 in Frankfurt am Main, Junghof, Partitur: 1.Kopie vermutlich Ende 18.Jh., D - Dlb Sign. Mus. 3542-F-2. 2.Kopie 1780 A-Wgm Sign. H 29052, 3.Kopie 1788 (Prof. Poetiz) der Textkontrafraktur „Tugend" die zu Seligkeiten der Arie „Liebe, die du alle Herzen", D-LEm Sign. Poel. mus. Ms. 233 Partitur und Stimmen. Weitere Ausgaben spätestens 1786, D - Hs Sign. ND VII 285 (Aufführungsmaterial des Hamburger Stadttheaters) Libretto: Leipzig (Dyk) 1781, D - Bhm, A - Wgm. Weitere Aufführungen 1781 im k.k. Nationaltheater in Wien, unter der musikalischen Neubearbeitung von Giuseppe Sardi.

„Der Baum der Diana" Eine komische Oper in zwei Aufzügen
Verlag: Amsterdam, bey J.C. Röder, Buchhändler und Buchdrucker „Hinter der Borsche" (ca. 1780-1790)

„Der neue Gutsherr" Eine Oper in drei Aufzügen (3.Akt unvollendet) Text: J. G. Dyk und Johann Friedrich Jünger, Komposition: 1783/84 nach Lex, S. 82, Klavierauszug: (Dyk) 1783/84, D-Mbs, D - Kk, F - PC, GB - Lbl, US – Phu, US – Wc. Anmerkung: Nachweis in Hillers Lebensbeschreibung *Gesänge aus dem Neuen Gutsherrn, einer komischen Oper in drey Akten, komponiert und in einen Klavierauszug gebracht von Neefe.*

„Der berühmte Edelmann" Oper in einem Aufzug, Manuskripte Kopie 12 St. 4 D-B Sign. Mus. Ms. 29116, Verlust

„Apolls Abschied von der Muse" Prolog Text: Heinrich Leopold Wagner Komposition: Christian Gottlob Neefe und Georg Benda, Nachweis Leux, S.52

„Macbeth“ Text: William Shakespeare, nach der Übersetzung von Heinrich Leopold Wagner, vermutlich 1778/79 Nachweis Leux, S.53/54

„Wir haben ihn wieder“ Prolog mit musikalischen Einlagen, Text: Baron Just Anton von Hagen, vermutlich 1779, Nachweis Leux, S.70

„Die Ankunft“ Musikalischer Prolog von Neefe und G. F. W. Großmann, vermutlich 1780, Nachweis Leux, S.70

„Die Jahresfeier“ Musikalischer Prolog von Neefe und G. F. W. Großmann, Widmung: Zu Ehren „des den 13. eingefallenen hohen Geburtstagsfestes Sr. Kurfürstlichen Gnaden zu Köln“ vermutlich 1780 (zitiert nach Leux, S. 71)

„Die belebte Hoffnung“ Ein Vorspiel nebst Rundgesang, Widmung: zu Ehren des Namensfestes Sr. Kurfürstlichen Gnaden, Maximilian Friedrich zu Köln“ vermutlich 1781 (zitiert nach Leux, S. 78)

„Adelstan & Röschen“ geplantes und nie vollendetes Werk, Nachweis Leux, S. 36

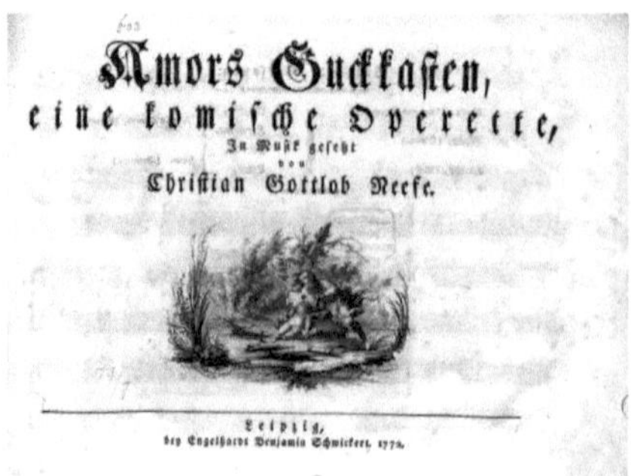

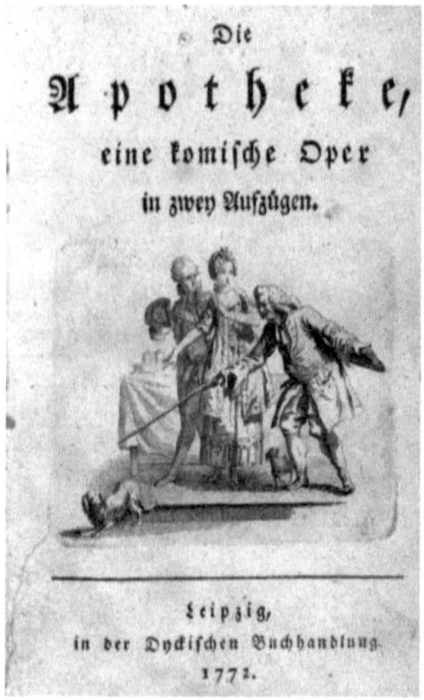

2.Vokalmusik

a) für mehrere Singstimme

„Das große Hallelujah“

für 4.Stimmen mit Chor und Orchester,

Text: Ode von Friedrich Gottlieb Klopstock,

Manuskripte, Partitur

1) Kopie ca. Ende 18.Jh., Anfang 19.Jh., D -Hs Sign. ND VI 709

2) Motettenpartitur-Sammlung, Kopie Mitte 19.Jh., D-LÜh Sign. A 327

Stimmen:

1) Kopie um 1800, D-B Sign. Mus. ms. 16005

10 St.: S (4x), A (4x), T, B, (je 1x)
Anbei: Namen von Aufführenden
Einer Sopran Stimme: Mademoiselle Pini./
Einer Alt Stimme: Mademoiselle von Halle(?)
Einer Altstimme: Mademoiselle Mahnke/
Einer Altstimme: Mademoiselle Dunker
2) Kopie von Hermann Jimmerthal, Mitte des 19.Jh., D-LÜh Sign. A327
13 St.: S (3x), T (3x), B (4x) Nachweis: Vorwort der Ausgabe Denkmäler Rheinischer Musik, S. 2
Ausgaben: Partitur
1) in: Oden von Klopstock. Neue sehr vermehrte und verbreitete Ausgabe, Neuwied (Gehra & Haupt) 1785, ohne Widmung, D-Rp, D-Mbs
2) Denkmäler rheinischer Musik, Bd. 12, Düsseldorf (Schwann) 1965, D-Dlb, D-BNba
3) Wuppertal (Verlag Singende Gemeinde) 1984, Deutsches Musikarchiv
Anmerkung: Die Hamburger Handschrift Sign. ND VI 709 galt seit der Auslagerung 1944 als Kriegsverlust. Seit 1991 wurde sie wieder nach Hamburg überführt.

Geistliche Ode
„Ich Wurm und Staub"
Ausgaben: in: Wöchentliche Nachrichten und Anmerkungen die Musik betreffend, Jg.3, 1768/1769, D-DÜk

„Dem Unendlichen"
4st. Chor und Instrumente
Text: Klopstock
Manuskripte: Partitur:
1) Kopie Ende 18.Jh./Anfang 19.Jh., D-Hs Sign. ND VI 710
2) in: Motettenpartitursammlung, Mitte 19 Jh., D-LÜh Sign, A 327

Grablied
„Wie sie so sanft ruhen"
Für 4 stimmigen gemischten Chor
Ausgaben: in: Museum für Vokalmusik, Braunschweig o.J.

Motette
„Ich schreie mit meiner Stimme"
für 4 Stimmen
Ausgaben: Partitur:
in: Vierstimmige Motetten und Arien in Partitur, von verschiedenen Komponisten, zum Gebrauche der Schulen und anderer Gesangsliebhabern

gesammelt und hrsg. Von J.A. Hiller, Teil 5, Leipzig (Dyk) 1784, A-Wn, B-BC, D-Dlb, D-Lem, D-Et, D-Mbs, D-Mbn

„Dum loquimur fugit aetas"

Kanon a 4

Manuskripte: Autograph: Stammbucheintrag für W.G. Becker mit Unterschrift, D-DÜk Kat. S. 492, Nr. 2390

„Charissimi nolite mirari"

Duetto Ex A. 2 Stimmen, 2 Violinen, 2 Flöten, 2 Hörner, 2 Violen, Violoncello
Manuskripte: Kopie ca. 1780-90, D-Mbs Sign. Mus. Mss. 11 360

Lessing Kantate

Musik von C.G. Neefe und G.A. Benda
Text: Gustav Friedrich Wilhelm Großmann
Anmerkung: Nachweis Fischer und Rector 1996, S. 238

Kantate auf den Namenstag der Reichsgräfin Wolf Metternich

Manuskripte: Kopistenabschrift mit Autographen Eintragungen in Privatbesitz, Xerokopie D-BNba

Vokalmusik
b) Lieder für Singstimme mit Begleitung: Sammlungen

„Freimaurerlieder"

Widmung: Prinz Carl von Polen und Litauen, Herzog von Sachsen, Liefland, Curland und Semgallen Herzog Ferdinand zu Braunschweig und Lüneburg.
Ausgaben: Leipzig, (Breitkopf) 1774, D-Lsm, D-ARsk
Anmerkung: unter Pseudonym „Fenee" erschienen, Nachweis Leux, S.38, 188; siehe Lebenslauf von Neefe selbst beschrieben

1) „Die Eröffnung der Loge"
2) „Eröffne dich Loge"
   Die Verschwiegenheit
   „Erhabene Tugend"
3) An das Frauenzimmer
   „Sucht ihr Schönen zu begehren"
4) Die Eintracht
   „Trieb, den die Natur geschenkt"
5) Das Lob der Baukunst
   „Edle Baukunst, dir zu Ehren"
6) Der Schluss der Loge
   „Schließt die Stunden mit Ergötzen"

„Lieder mit Klaviermelodien"

Widmung: Demoiselle Wendt in Chemnitz
Ausgaben: Glogau (Christian Friedrich Günther) 1776, A-Wgm, B-Bc, CH-W, D-BNba, D-DÜk, D-Mbs, D-SWI

Anmerkung: Nach Leux befand sich ein Exemplar mit handschriftlichen Vermerk Neefes „für Frau Rust in Dessau" in der Bibliothek des Heyerschen Museums in Köln. Dabei handelt es sich um Henriette Rust geb. Niedhart, Sängerin, heiratete am 10.Mai 1775 Friedrich Wilhelm Rust (1739-1796), Musikdirektor in Dessau, oder ihre ältere Tochter gleichen Namens (Nachweis Mendel/Reissmann, Art. Rust)

1) An CH** „Du forderst, Freundin meiner Seele"
   Text: Anonymous
2) Der May „Glücklich ist der Hirt"
   Text: Carl Wilhelm Ramler
   Manuskripte: in: D-KI Sign. 2 Mus. 488
3) Morgenlied „Willkommen, früher Morgenglanz"
   Text: Salomon Gessner
4) Romanze „Zu Hannchens Thür"
   Text: Johann Gottfried Herder
5) Die Trennung „Da schlägt die Abschiedsstunde"
   Text: Johann Joachim Eschenburg, nach Pietro Metastasio
6) Die Erinnerung „Hier hat sie getanzt"
   Text: Daniel Schiebler
7) Der entschlossne Schäfer „Sollt ich in Verzweiflung schmachten"
   Text: Christian Felix Weisse
   Ausgaben: in: Max Friedlaender, Das deutsche Lied im 18.Jahrhundert, Bd. 1, 2.Abt., Stuttgart-Berlin 1902, S.145
8) Wiegenlied „Schlummre mein Püppchen"
   Text: Johann Benjamin Michaelis
9) Der glückliche Bauer „Nun nenn ich schon"
   Text: Johann Martin Miller
10) Sina „Kühlt, o schmeichelnde Lüfte"
    Text: Johann Heinrich Voss
11) An Aemilien „Wenn mit jungem Frühlingsglanze"
    Text: Johann Wolfgang Andreas Schöpfel
12) An Betty „Sie ist, sie ist herabgesunken"
    Text Carl Friedrich Cramer
13) An die Sonne „O liebe Sonne"
    Text: Johann Martin Miller
14) An ein verwelktes Röschen „Röschen, wie beneid ich dich"
    Text: Johann Martin Miller
15) An Klimenen „Du klagest"
    Text: Joachim Christian Blum
16) An die Wolke „Silberwölkchen, das verschwinde"
    Text: Anonymous Hasse
17) Die Vorwürfe „Still will ich meine Leiden tragen"
    Text: Johann Timotheus Hermes
18) Weisheit und Thorheit „Ich wollt es mit der Weisheit halten"
    Text: C.F. Weisse
    Manuskripte: in: D-KI Sign. 2 Mus. 4888
19) Klagen der jungen Lalage „Was fällt doch meiner Mutter ein"

Text: C.F. Weisse
20) Der Wald „Schwestern, wagt euch"
Text: C.F. Weisse
21) An Daphne „Als ich, o Daphne"
Text: Christian August Clodius
22) Entzückung „Welch ein Himmel"
Text: Ludwig H.C.Hölty
23) Maylied „Heil dir, lächelnder May"
Text. Johann Martin Miller
24) Andenken an Daphne „Schönste, meiner Lebensstunden"
Text: Daniel Schiebeler
Ausgaben: in: Musikalische Nachrichten und Anmerkungen auf das Jahr 1770 Leipzig 1770, D-Dük
25) Wenn im leichten Hirtenkleide „Wenn im leichten Hirtenkleide"
Text: Johann Georg Jacobi
26) Lotte bey Werthers Grabe „Ausgelitten hast du"
Text: Johann Heinrich, Freiherr von Reitzenstein
27) Werther an Lotte „ Weine nicht"
Text: Georg Ernst von Rühling
28) Ein Engel an die schlafende Minna „Ruhe sanft"
Text: Johann Friedrich Schink
29) Die Seufzer „Woher, du süßer Balsamhauch"
Text: Friedrich Traugott Hase
30) Nachtempfindungen über Minnas Grab „Ha, wie wühlst du"
Text: J.F. Schink
31) Ein Traum „Auf den Flügeln des Morgenroths"
Text: Carl Friedrich Cramer
32) An meine Freunde „Nehmt meiner Muse"
Text: Christian Gottlob Neefe

„Oden von Klopstock mit Melodien"

Widmung: Betty von Alvensleben
Text: Friedrich Gottlieb Klopstock
Ausgaben:
1) Flensburg & Leipzig (Kortensche Buchhandlung) 1776, Freies deutsches Hochstift Frankfurter Goethe-Museum, CH-Gpu, D-BNba, D-Hs, D-KII, D-RH, D-Buh, D-HAmi, DK-Kc, DK-Kc, GB-Lbl, 2.Auflage 1779
2) Neue sehr vermehrte und verbundene Ausgabe, Neuwied (Gehra & Haupt) 1785, ohne Widmung, B-Bc, CH-Bu, CH-N (unvollständig), D-HR, D-Rp, D-LEm, D-LEmi, D-ROu, D-SPF, DK-Kk, F-Pc, NL-DHgm, US-Ws
Anmerkung: In der 3. neuen sehr vermehrten und verbesserten Ausgabe, der Oden von Klopstock (1786) hat Neefe die Lieder „Ulin", „An Lidly" und „Teone" gestrichen und dafür hinzugefügt:
a) „Dem Unendlichen"
b)"Das große Halleluja" (siehe Vokalmusik a)
c)"Die frühen Gräber"
Ausgaben: In: Das deutsche Lied, Band II, S.25, A-Wgm

Außerdem wurden zahlreiche Lieder umgearbeitet. Von „An Fanny" wurden die ersten Strophen durchkomponiert.

1) Schlachtgesang „Mit unserm Arm ist nichts getan"

2) Bardale „Einen fröhlichen Lenz ward ich"

3) An Fanny „Wenn einst ich todt bin"

4) Hermann und Thusnelda „Ha, dort kömmt er"

5) An Cidli „Zeit, Verkündigerinn"

6) Cidli „Sie schläft, O gieß ihr"

7) An Cidli „Der Liebe Schmerz"
Ausgaben: Als durchkomponierte Fassung in Notenblätter zur Musikalischen Korrespondenz der deutschen Philharmonischen Gesellschaft, Speier 1791

8) Die Sommernacht „Wenn der Schimmer"
Manuskripte: Kopie, D-Mbs Sign. Mus. Mss, 8739-48
Ausgaben:
1) Mit Begleitung von Bratschen und Violoncello in: Voglers „Betrachtungen der Mannheimer Tonschule" 1779
2) in: Friedlaender Band II, S.127
3) in: 98 Arien und Lieder für 1 Singstimmer mit Klavier, D-Mbs
4) in: Lindners Musikalischem Jugendfreund III, Leipzig 1817

9) Selmar und Selma „Weine du nicht"
Manuskripte:
1) Kopie Ende 18.Jh., D-B Sign., Mus, ms, 16,012
2) Kopie um 1800, D-Rp Sign., Pr-M Naumann 4

10) Teone „Still auf dem Blatt"

11) Vaterlandslied „Ich bin ein deutsches Mädchen"
Ausgaben:
In: Max Friedlaender, Das deutsche Lied im 18.Jahrhundert, Band 1,2, Abt., Stuttgart-Berlin 1902, S. 260

12) Selma und Selmar „Meine Selma" Eine Elegie
Manuskripte:
1) Kopie, D-Mbs Sign., Mus, Mss, 8739-52
2) Kopie, D-SWI Sign., Ms, 4008

13) Ullin zum tapfern Carthon „Komm zu Fingals Feste" aus Ossians Gedichte
Text: Anonym Denis nach James Macpherson. Erschienen 1779

„Serenaten beym Klavier zu singen

Text: August Gottlieb Meißner
Manuskripte:
Kopist: J.H. Grave, Anfang des 19.Jh., D-B Sign., Mus, ms, 16013 Leipzig (Dyk) 1777, A-Wn, CH-SO, D-Dib, D-DÜk, D-MB, D-Hs, D-BNba, D-Buh, D-WRgs, D-WRz, Freies Deutsches Hochstift Frankfurter Goethe-Museum, GB-LbI
Erste Serenate „Wach auf! Wach auf!"
Zweite Serenate „Süßes Liebchen, ach erscheine!"
Dritte Serenate „Liebchen, schön wie Frühlingsnacht"
Vierte Serenate „Düster liegt die Nacht umher"
Ausgaben: In: Alte Meister des deutschen Liedes, D-Be
Fünfte Serenate „Im Schnee begraben"
Sechste Serenate „Der Regen strömt"
Im Anhang: Serenate, aus Claudine von Villa Bella für Singstimme und Klavier „Liebliches Kind"
Text Johann Wolfgang Goethe

Lieder für seine Freunde und Freundinnen nebst einer Ballade

Ausgabe: Leipzig (1784), (in Kommission Hilscher), D-LEsm, D-BNba, D-Dlb, B-Bc

1) Herbstlied „Immerhin mag frisches Grün"
   Text: Kröger?
2) Abschied „Meiden, liebe Hütte"
   Text: Anton Mathias Sprickmann
3) Ballade „Ich träumt, ich wär"
   Text: Ludwig Christoph Heinrich Hölty
4) Der Traum „Ich träumt, ich wär"
   Text: Rühl, Hofrat zu Frankfurt (Nachweis Leux, S.80)
5) Lied „Ich ging im Mondenschimmer"
   Text: Friedrich Leopold Graf zu Stollberg
6) Der Sorgenfreye „Jung fröhlich und heiter"
   Text: Christian Adolf Overbeck
7) Der Todtengräber „Kommt meine Kinder"
   Text: August Friedrich Ursinus
8) Das Dörfchen „Wie lieb ich mir mein Dörfchen"
   Text: Rühl, Hofrat zu Frankfurt (Nachweis Leux, S.80)
   Manuskripte: Kopie Mitte 19.Jh., in: Liederbuch Martins, D-B Sign. Mus. ms. 380 53
9) Fritz an Lieschen „Lieschen, ja! Ich war dir gut"
   Rühl, Hofrat zu Frankfurt (Nachweis Leux, S.80)
10) Freudenlied „Auf ihr muntern Brüder"
   Text: Nikolaus Müller, Nachweis Leux, S.80
11) An den Tod „Wenn der Frühling meines Lebens"
   Text: Rühl, Hofrat zu Frankfurt (Nachweis Leux, S.80
12) Liebe „Ja, ja! man fühlt"
   Text: Keiser

Bilder und Träume von Herder mit Melodien von Neefe

Text: Johann Gottfried Herder
Kompositionen: 1792, Nachweis Leux, S. 106, 112 f.
Ausgaben: Leipzig (Breitkopf und Härtel) 1798, B-Bc, D-BNba, D-Mbs, D-RH, D-RUL, F-Pc

1) Die Erinnerung „ Gute Zeiten"
2) An meine Träume „Fliegt, ihr meine Jugendträume"
   Ausgaben in: Bilder und Träume, Breitkopf und Härtel, Leipzig 1969
   in: Max Friedlaender, Das deutsche Lied im 18.Jahrhundert,
   Bd. 1, 2. Abt., Stuttgart-Berlin 1902, S. 262/63
3) Die Dämmerung „Der Aether und die Liebe"
4) Das Kind der Sorge „Einst saß am murmelnden Strome"
5) Die Lerche „Gegrüßet seyst du"
6) Das Flüchtigste „Tadle nicht der Nachtigall"
7) Flora und die Blumen „Kinderchen des holden süßen Frühlings"
8) Lilie und Rose „Lilie der Unschuld"
9) Der Neid! „Neide nicht, o junges Mädchen"
10) Der Regenbogen „Schönes Kind der Sonne"
11) An die Freundschaft „Heilige Freundschaft"
12) Die Perle „Nimm, o Freundin!
13) Liebe und Gegenliebe „Als einst die Mutter"
14) Das Saitenspiel „was singt in euch ihr Saiten"
Manuskripte: Kopie Anfang 19., D-B Sign. Mus. ms. 16013/5
Ausgaben: in: Berlinische Musikalische Zeitung, 38.Stück, 1793
Vom 19. 10., S. 152 (nur 1.Strophe)
15) An den Schlaf „Gott des Schlafes"
Manuskripte: Kopie Anfang 19.Jh., D-B Sign. Mus. ms. 16013/5
16) Die Wassernymphe „Flattre, flattre nicht um deine Quelle"
Ausgaben: in: Alte Meister des deutschen Liedes, D-Dlb, D-Be
17) Lied des Lebens „Flüchtiger als Wind und Welle"
18) Die Schwestern des Schicksals „Nenne nicht das Schicksal grausam"
Manuskripte: Kopie Anfang 19 Jh., D-B Sign. Mus. ms. 16013/5
Ausgaben: in: Max Friedlaender, Das deutsche Lied im 18.Jahrhundert,
Bd. 1,2, Abt., Stuttgart-Berlin 1902, S. 262
20) Das Todtenopfer „Tränen bring ich dir"
Ausgaben: in: Max Friedlaender, Das deutsche Lied im 18.Jahrhundert,
Bd. 1,2, Abt., Stuttgart-Berlin 1902, S. 264-267
20) Das Glück „Nicht knie ich vor der blinden Göttin"

21 Lieder in Vademecum für Liebhaber des Gesangs und Klaviers

Ausgaben: Leipzig (Dyk) 1780, B-Bc, CS-K, D-Bhm, D-Mbs, D-GO,D-Lem,
1) Das Traumlied „Im jungen Nachtigallenhain"
   Text: Ludwig C. H. Hölty
2) Das Glück der Liebe „Unser süßester Beruf"
   Text: Friedrich Wilhelm Gotter

3) Daphne am Bach „Ich habe ein Bächlein gefunden"
Text: Graf von Stollberg
4) Hanns und Hanne „Heyda, lustig"
Text: Johann Martin Miller
5) Jägerlied „Auf! rüstige Knaben"
Text: Friedrich Müller
6) Romanze „Wer für fremden Gram"
Text: Heinrich Leopold Wagner
7) Nachtempfinden eines Liebenden „Alles still"
Text: Johann Friedrich Schink
8) Herr Bacchus „Herr Bacchus ist ein braver Mann"
Text: Gottfried August Bürger
9) Der Knabe an ein Vergissmeinnichtblümchen „Dich ach so grausam abzubrechen"
Text: Christian Adolf Overbeck
10) Trinklied „Ein Leben wie im Paradies"
Text: Ludwig C.H. Hölty
11) Phidile, als sie nach der Trennung allein in ihr Kämmerlein gegangen war „Ach, Gottes Segen über mir"
Text: Matthias Claudius
12) Cantilena potatoria, nebst einer deutschen Parodie „Ich will einst"
Text: Gottfried August Bürger
13) Als sie die Nachtigallen hörten „Wie so schmachtend"
Text: Johann von Döring, Drost zu Wolfenbüttel
14) Der Sieg über sich selbst „Hört zu"
Text: Christian Felix Weiße
15) Ständchen „Trallyrum, larum, höre mich!"
Text: G.A. Bürger
16) Der Bauer an seinen durchlauchtigen Tyrannen „Wer bist du, Fürst"
Text: G.A. Bürger
17) Schön Sußchen „Schön Sußchen kannt ich lange Zeit"
Text: G.A. Bürger
18) Zum Spatz, der sich auf dem Saal gefangen hatte „Bonsdies, Herr Spatz"
Text: G.A. Bürger
19) Liebeszauber „Mädel, schau mir ins Gesicht!"
Text: G.A. Bürger
20) Rheinweinlied „Bekränzt mit Laub"
Matthias Claudius
21) An den Mond „Mond, dessen heiteres Gesichte" Hartmann eine Wirtembergische Klostergeschichte, Leipzig in der Weygandschen Buchhandlung, 1778

Sechs Kanons in Vademecum für Liebhaber des Gesangs und Klaviers

Ausgaben: Leipzig (Dyk) 1780, B-Bc, CS-K, D-Bhm, D-Mbs, D-COL, D-Lem, US-Bp, US-R, US-Wc

1) „Trinkt ihr Freunde“ 2stg, oder 4stg.Lied mit Klavier
2) „Sie ist's nicht wert“ 2stg.
3) „Tempora mutantur“ 2stg.
4) „Dulce loquentem“ 4stg.
5) „Est, est, est“ 4stg.
6) „Dum loquimur“ 4stg.

2. Vokalmusik
C) Lieder für eine Singstimme mit Begleitung: Einzelwerke

Lateinisches Vaterunser
Anmerkung: Nachweis Gerber, Lexikon II, S. 15, Verlust

Aufforderung an Amorn „Wie lange wirst du müßig schlafen“
Für Singstimme und Klavierbegleitung
Text: Anonymous
Ausgabe: Leipzig, im Verlag der Zeitungs-Expedition, in vier - und - dreißigstes Stück, den 20ten August 1770, S.266-267

„Canzonetta“
„Il tuo ciglio“ für Singstimme und Klavier
Ausgaben: Musikalische Nachrichten und Anmerkungen auf das Jahr 1770, Leipzig. Die Muse, Leipzig (Johann Carl Müller) 1776, S.110

„An Elisen“
„Kein Blümchen blüht“ für Singstimme und Klavier
Ausgabe: Die Muse, Leipzig (Johann Carl Müller) 1776, S. 110,

„An Danae“
„Welch zauberisches Gewinde“
Ausgaben: Die Muse, Leipzig (Johann Carl Müller) 1776, S. 120f

„Ein Traum“
„Steh nur immer am Haupt“ für Singstimme und Klavier
Manuskripte: Autograph: 1775/76, Stadtarchiv Bonn aus Tagebuch

„Arete an ihr Klavier“
„Erheitre mich mit deinen Freuden“ für Singstimme und Klavier
Ausgaben: Die Muse, Leipzig (Johann Carl Müller) 1776, S. 28

„Klementin“ Lied
Widmung: Gräfin Felicitas von Metternich zur Gracht
Text: Maria Johann Nikolaus Dumont
Ausgaben: Neuwied /Gehra und Haupt) 1789, D-BNba

„Alles still die Nacht umhallet“
Lied für Singstimme und Klavier
Manuskripte: Kopie Ende des 18. Jh., in Diverses Piécec p.l. Clverin,

D-B Sign. Mus. ms. 30303

„Die Zufriedenheit"
„Was frag ich viel nach Geld und Gut"
für eine Singstimme mit Klavierbegleitung
Text: Johann Martin Miller
Manuskripte: Kopie Ende des 18.Jh., Lieder und anderen Gesängen, D-B Sign. Mus. ms.30039
Ausgaben:
1) Musen Almanach für 1777, hrsg. Von H.J. Voß, Hamburg (C.Bohn)
2) Notenbuch zum Akademischen Liederbuch, Dessau und Leipzig 1783
3) Max Friedlaender, Das deutsche Lied 18.Jahrhundert, Bd. 1, 2, Abt., Stuttgart- Berlin 1902, S.146
4) Deutscher Liederschatz, Bd. 1, Nr. 111, Leipzig (Peters)

„Alles still die Nacht umhüllet"
Für Singstimme und Klavier
Manuskripte: Kopie Ende des 18.Jh., Gesänge Deutsche und französische, D-B Sign. Mus. ms. 38087

„Zauberlust"
Für Singstimmen und Klavier
Manuskripte:
1) Kopie Ende des 18.Jh., Klaviermusik, D-B Sign. Mus. ms. 38087
2) D-LÜh Sign. P, 516, Verlust
Ausgaben: Sechs Rondos und sechs kleine Lieder von 12 verschiedenen Komponisten für das Klavier in Musik gesetzt, Leipzig 1784, D-Mbs, B-Bc

„Amynt und Chloe"
„Ich bin's o Chloe"
Text: Karl Wilhelm Ramler
Ausgaben: Musikalische Nachrichten und Anmerkungen auf das Jahr 1770, S. 353f., D-DÜk

„Ein Jüngling, den sein Herz"
für Singstimme und Klavierbegleitung
Text: Anonymous Friderici
Ausgaben: Musikalische Nachrichten und Abmerkungen auf das Jahr 1770. Leipzig 1770, D-DÜk

„Rondeau"
„Scherze, kleine Gauklerin"
für Klavier und Gesang
Widmung: Charlotte Großmann bei ihrem 2.Geburtstag
Text: Heinrich Leopold Wagner, Nachweis Leux, S. 53
Ausgaben: Theater-Journal 1778, 4Stk.

„Morgengesang"
„Schon dringt Aurorens goldner Wagen"
Manuskripte: Georg Benda, Kantaten und Lieder, S. 17/18, D-KL sign.2

„An den Mond"
Ausgaben: Magazin für Frauenzimmer: Gelehrte Zeitung am Kehl., 1782, Heft 3 (Märzausgabe). Entspricht „21 Lieder in Vademecum..." Nr. 21, Text der 2. und 3. Strophe leicht verändert.
Anmerkung: Nachweis bei Hans Schneider, der Musikverleger Heinrich Philipp Boßler 1744-1812, Tutzing 1985, S. 101 und 258

„Andenken an die Erlösung des Gottmenschen"
Ausgaben: Cramers Musikalisches Magazin, 1.Jahrgang, 1783, S. 397
Anmerkungen: Parodie auf Georg Bendas Sterbemorgen „Auf den Sterbetag Jesu"

Bardengesang zu dem Trauerspiel die Römer
Anmerkung : Nachweis Gerber, Lexikon II. S. 14

Die Freundschaft
„Freundschaft schönster Trost des Lebens"
für Singstimme und Klavier
Ausgaben: Sechs Rondos und sechs kleine Lieder von 12 verschiedenen Komponisten für das Klavier in Musik gesetzt, Leipzig 1784. D-Mbs, B-Bc

24 geistliche Lieder
Text: Elise von der Recke
Anmerkung: Nachweis Engelhardt, Neefe, S. 178

Lieder für vertrauliche Zirkel
Anmerkung: Nachweis Engelhardt, Neffe, S. 178

3. Instrumentalmusik
a) für Orchester

Klavierkonzert (G - Dur)
Mit der Begleitung von 2 Violinen, 2 Oboen, 2 Hörner, 1 Viola und 1 Bass
Widmung: Kurfürst von Sachsen
Komposition: vermutlich 1781, Leux, S. 175
Manuskripte: Kopie (Sparte) nach Druck, ca. 1900, D-Mbs Sign. Mus. Mss. 5714
Ausgaben: Mannheim, Johann Nikolaus Götz, 1781

Partita in Es
Für Streicher, 2 Fagotte, 2 Oboen, 2 Hörner
Manuskripte:
1) Kopie, mit eigenhändiger Unterschrift und bei gedrücktem Siegel Neefes, D-SWI Sign. 4007

2) Denkmäler rheinischer Musik, Band 1, Düsseldorf (Schwann) 1951, D-Be, D-Dlb, D-Hs, D-BNba

Partita in D-Moll
2 Hörner, 2 Oboen, 2 Flöten, 2 Fagotte, 2 Violinen, 1 Violen und 1 Bass
Ausgabe: 1774
Anmerkung: Verlust, nach Leux, S. 203

b) für mehrere Instrumente

6 Klaviersonaten mit willkürlicher Begleitung einer Violine

Manuskripte:
1) Kopie (Pölitz) 1790, D-Lem Sign. Poel. Mus. Ms. 229
2) Kopie der Sonata VI, B-Dur, D-Mbl, Sign. Mus Mss. 1596
Ausgaben: Glogau (C.F. Günther) 1776, B-Bc, D-Dlb, GB-Lbl

Sonata C-Dur
Pour il Clavecin accomp.: d'un Violon aus Vademecum für Liebhaber Des Gesangs und Klaviers 1780
Manuskripte: Kopie 1789, D-LEsm Sign. Poel. Mus. Ms 228
Ausgaben: Leipzig (Dyk) 1780

c) für Klavier

12 Klaviersonaten
Widmung: Phillip Emanuel Bach
Manuskripte: Kopie Ende 18.Jh., Klavierkompositionen, D-B Sign. Mus. Ms. 30273
Ausgaben:
1) Leipzig (Schwickert) 1773, A-Wn, CH-Zz, D-KNh, D-Mbs, D-Dlb, F-Pc
2) Sonaten 1-6, Mit Nachweis und kritischem Bericht, in: Denkmäler Rheinischer Musik, Band 10 und 11, Düsseldorf (Schwamm) 1961 u. 1964

6 neue Klaviersonaten
Nebst Veränderung über die Melodie der Romanze an der Jubelhochzeit: „Kunz fand einst einen armen Mann" und über ein bekanntes „Arioso"
Widmung: Johann Friedrich Agricola
Ausgaben:
Leipzig (Schwickert) 1774, A-GÖ. CH-Zz, D-BNba, D-Mbs, D-Bds, D-Dlb, GB-Lbl, Nl-DHgm, US-NYp, US-R, US-Wc

17 Klavierstücke in Vademecum für Liebhaber des Gesangs und Klaviers
Ausgaben:
Leipzig (Dyk) 1780, B-Bc, CS-K, D-Bhm, D-Mbs, D-GOL, D-Lem, US-R,US-Wc
Sonate fürs Klavier allein (F-Dur)
Sechs Polonaisen
Sechs Menuette

Capriccio per il Clavicemalo (c-Moll)
Allegro Moderato (c-Moll)
Menuetto e Trio (c-Moll)
Vivace (c-Moll)

6 leichte Stücke aus der Zauberflöte
für Klavier zu vier Händen
Widmung Comtesse Charlotte Nesselrode-Reichenstein
Ausgaben:
1) Bonn (Simrock) 1793, D-BNba
2) unter Titel „Petite piéce, terée de l'operette ``Die Zauberflöte`` de Mr. Mozart", in: Vermischte Handstücke für zwei Personen auf einem Klavier aus dem 18.Jahrhundert, Mainz und Leipzig, (Schotts Söhne), 1938
Nachweis: Nachwort der zwölf Klaviersonaten in Denkmäler Rheinischer Musik, Band 1 S.40

Fantasie f-Moll für Klavier
Ausgaben: Bonn (Simrock) 1797, CS-K, D-BNba, D-ERms, DK-Km, DK-Kv, F-Pn, US-R

Einige Variationen für Klavier über das Lied aus der Jagd: „Als ich auf meiner Bleiche"
Komposition: Ist nachweislich von Johann Adam Hiller (1770) und nicht wie nach Leux, S. 156, Vermutungen, von Neefe
Text: Christian Felix Weiße
Ausgabe: 1770, Leipzig

13 Variationen für Klavier über „Das Frühstück schmeckt viel besser" Aus dem Rothen Käppchen
Komposition: Andreas Romberg
Veränderung: für das Clavier das Frühstück schmeckt viel besser, zu Vier Händen, Christian Gottlob Neefe
Nachweis: Berlinische musikalische Zeitung, den 26sten Oktober 1793
Ausgabe:
1) Bei Welsch und Paraquin in Gesellschaft 1793
2) Bonn (Simrock), 1793

Andante e grazioso, Minuetto und Alla Polacca
für Klavier
Ausgaben: Wöchentliche Nachrichten und Anmerkungen die Musik Betreffend, Jahrgang 3, Leipzig 1768/1769

Allegro D-Dur
für Klavier
Ausgaben: Musikalische Nachrichten und Anmerkungen auf das Jahr 170, Leipzig 1770, D-DÜk

Minuetto D-Dur
für Klavier
Ausgaben: Musikalische Nachrichten und Anmerkungen auf das Jahr 1770, Leipzig 1770 D-DÜk

Minuetto I
für Klavier
Ausgaben: Musikalische Nachrichten und Anmerkungen auf das Jahr 1770, Leipzig 1770

Minuetto II
für Klavier
Ausgaben: Musikalische Nachrichten und Anmerkungen auf das Jahr 1770, Leipzig 1770

Minuetto
für Klavier
Manuskripte: D-B Sign. Mus. ms. 30431

Balletto F-Dur
für Klavier
Ausgaben: Musikalische Nachrichten und Anmerkungen auf das Jahr 1770, Leipzig 1770

Allegretto F-Dur
Für Klavier
Ausgaben: Musikalische Nachrichten und Anmerkungen auf das Jahr 1770, Leipzig 1770

Sonatina B-Dur
Allegro é scherzando (B-Dur), Andantino (g-Moll), Minuetto (B-Dur), Alla Polacca (B-Dur)
Ausgaben: Wöchentliche Nachrichten und Anmerkungen die Musik Betreffend, Jahrgang 3, Leipzig 1768/1769

Sonatina As-Dur
Allegro con spirito (As-Dur), Andante e gracioso, Minuetto, Alla Polacca
für Klavier
Ausgaben: Wöchentliche Nachrichten und Anmerkungen die Musik Betreffend, Jahrgang 3, Leipzig 1768/1769

Allegretto F-Dur
für Klavier
Ausgaben: Wöchentliche Nachrichten und Anmerkungen die Musik Betreffend, Jahrgag 3, Leipzig 1768/1769

Minuetto
Für Klavier

Manuskripte: Um 1780, D-B Sign. Mus. ms. 30431, in: Klavier - und Gesangsstücke des XVIII. Jahrhunderts.

Veränderungen über den „Marsch der Priester“ aus Mozarts „Zauberflöte“
Widmung: Gräfin Hatzfeld
Ausgaben: Bonn (Simrock) 1793, CS-K, D-BNba, D-DO, US-Wc

4. Klavierauszüge

Wolfgang Amadeus Mozart
„La Clemenza di Tito“
Klavierauszug von Christian Gottlob Neefe
Ausgaben: Bonn (Simrock) 1800, D-W, D-BNba

„Cosi van tutte“
Klavierauszug von Christian Gottlob Neefe
Text: Lorenzo da Ponte
Ausgaben : Bonn (Simrock)1799, D-BNba, D-F, D-Ngm, F-Pn

„Die Entführung aus dem Serail“
Klavierauszug von Christian Gottlob Neefe
Ausgaben: Bonn (Simrock) 1799, D-Bhm, D-BNba

„Don Giovanni“
Klavierauszug von Christian Gottlob Neefe
Text: Lorenzo da Ponte
Ausgabe:
1) Bonn (Simrock) 1796, D-F-Pn, D-BNba
2) Stankt Augustin (Academia Verlag) 1993, D-BH

„Le nozze di Figaro“
Klavierauszug Christian Gottlob Neefe
Text: Lorenzo da Ponte
Ausgabe: Bonn (Simrock) 1796, F-Pn, D-KL, Freies Deutsches Hochstift, Frankfurter Goethe-Museum

Giovanni Paisiello:
„La bella Molinara“
Klavierauszug von Christian Gottlob Neefe
Ausgaben: Ouvertüre und Favorit Arien aus der Oper „La Molinara“ von Paisiello: Bonn (Simrock) 1794, D-Bhm, D-BNba, D-F

Antonio Salieri
„Axur, Koenig von Ormus“
Klavierauszug Christian Gottlob Neefe
Ausgabe: Bonn (Simrock) 1796, D-F,D-BNba

Vincente Martin y Solers:
„L'arbore di Diane"
Ausgaben: Bonn (Simrock) 1796, D-F, D-Hs, D-BNba

Carl Ditters von Dittersdorf
Singspiel „Hocus Pocus"
Arrangements, Klavierauszug Christian Gottlob Neefe

Benedikt Schnack
„Der dumme Gärtner oder die beyden Antons"
Ein komisches Singspiel in zwei Aufzügen
Text: Emanuel Schikaneder
Arrangements und Klavierauszug Christian Gottlob Neefe
Ausgabe: Bonn (Simrock) 1795, D-BNmw

6. Gedruckte Sammlungen, die Neefe- Kompositionen enthalten

Kleine Clavier - und Singstücke von verschiedenen Componisten, Berlin (Neue Berlinische Musikhandlung) 1794, B-Bc

Musikalische Blumenlese für Liebhaber des Gesangs und Claviers, enthaltend Moralische Gedichte von den besten Dichtern und Componisten Deutschlands, gesammelt und hrsg. von J.H. Egli, Zürich (D.Bürkli) 1789, CH-Zz, D-Lem

Musikalisches Handbuch für die Liebhaber des Gesangs und Claviers, hrsg. von J.A. Hiller, Leipzig (S. L. Crusius) 1773, D-Bds, D-BF. D-HR

Notenbuch zu des akademischen Liederbuchs erstem Bändchen. Meinen Unvergesslichen Freunde Christian Gotthilf Hensler in Kopenhagen gewidmet. Erster und zweyter Theil, 2 Bände, Altona (J.D.A. Eckhardt) 1783-1796, D-F (1. Teil) D-DÜk (2. Teil9, D-HVI

Sammlung kleiner Clavier - und Singstücke, zum Besten der neuen Friedrich-Städtischen und Werdauischen Armenschule. Erstes (dreißigstes) Stück, Leipzig Breitkopf und Sohn, 1774-1776, D-LEM, D-ZIw

Sammlung vermischter Klavierstücke von verschiedenen Tonkünstlern, auf das Jahr 1782, Erster und zweiter Teil, 2.Bände, Nürnberg (J.M. Schmidt) 1782, B-Bc, F-Pc

Sammlung vermischter Klavierstücke von verschiedenen Tonkünstlern, auf das Jahr 1783, Erster und zweiter Teil, 2.Bände, Nürnberg, (J.M. Schmidt), 1783, B-Bc

Texte von Friedrich Gottlieb Klopstock
Vertonungen Christian Gottlob Neefe
(Überarbeitung: Manuela Miebach)

Das große Halleluja

Ehre sey dem Hocherhabnen, dem Ersten, den Vater der Schöpfung!
Dem unsre Psalme stammeln.
Obgleich der wunderbare Er
Unaussprechlich, und undenkbar ist.

Eine Flamme von dem Altar an den Thron
Ist in unsere Seele geströmt!
Wir freuen uns Himmelsfreuden,
Dass wir sind, und über ihn erstaunen können!

Ehre sey ihm auch von uns an den Gräbern hier,
obwohl an seines Thrones letzten Stufen
Des Erzengels niedergeworfne Krone
Und seines Preisgesangs Wonne tönt.

Ehre sey, und Dank, und Preis dem Hocherhabnen, dem Ersten
Der nicht begann, und nicht aufhören wird!
Der sogar des Staubes Bewohnern gab,
Nicht aufzuhören.

Ehre dem Wunderbaren,
der unzählbaren Welten, in den Ozean der Unendlichkeit aussäte!
Und sie füllete mit Heerscharen Unsterblicher,
Dass Ihn sie liebten, und selig wären durch Ihn!

Ihr Schlummer

Sie schläft. O gieß ihr, Schlummer, geflügeltes,
Balsamisch Leben über ihr sanftes Herz!
Aus Edens ungetrübter Quelle
Schöpfe den lichten, krystallnen Tropfen!

Und lass ihn, wo die Wange dir Röth' entfloh,
Dort duftig hinthaun! Und du, o bessere,
Der Tugend und der Liebe Ruhe,
Grazie deines Olymps, bedecke

Mit deinem Fittig Cidli. Wie schlummert sie,
Wie stille! Schweig, o leisere Saite selbst!
Es welket dir dein Lorbeer Sprössling,
wenn aus dem Schlummer du Cidli lispelst!

Die Sommernacht

Wenn der Schimmer von dem Monde nun herab
In die Wälder sich ergießt, und Gerüche

Mit den Düften von der Linde
In den Kühlungen wehn;

So umschatten mich Gedanken an das Grab
Der Geliebten, und ich seh' in dem Walde
es nur dämmern, und es weht mir
Von der Blüthe nicht her.

Ich genoss einst, o ihr Todten, es mit euch!
Wie umwehten uns der Duft und die Kühlung,
Wie verschönt warst du von dem Monde,
du, o schöne Natur!

Selma und Selmar

Weine du nicht, o die ich innig liebe,
dass ein trauriger Tag von dir mich scheidet!
Wenn nun wieder Hesperus dir dort lächelt,
Komm, ich Glücklicher, wieder!

Aber in dunkler Nacht ersteigst du Felsen,
Schwebst in täuschender dunkler Nacht auf Wassern!
Theilt' ich nur mit dir die Gefahr zu sterben;
Würd', ich Glückliche, weinen?

An Fanny

Wenn einst ich todt bin, wenn mein Gebein zu Staub'
ist eingesunken, wenn du, mein Auge, nun
Lang' über meines Lebens Schicksal,
Brechend im Tode, nun ausgeweint hast.

Und still anbetend da, wo die Zukunft ist,
nicht mehr hinaufblickst, wenn mein ersunkner Raum,
die Frucht von meiner Jünglingsthräne,
und von der Liebe zu dir, Messias!

Nun auch verweht ist, oder von wenigen
in jene Welt hinüber gerettet ward:
Wenn du alsdann auch, meine Fanny,
lange schon todt bist, und deines Auges

stillheitres Lächeln, und sein beseelter Blick
auch ist verloschen, wenn du, vom Volke nicht
Bemerket, deines ganzen Lebens
edlere Thaten nunmehr getan hast.

Des Nachruhm Werthers, als ein unsterblich' Lied,
Ach wenn du dann auch einen beglückteren
als mich geliebt hast, lass den Stolz mir

einen Beglückteren, doch nicht edleren!

Dann wird ein Tag seyn, den werd' ich auferstehen!
Dann wird ein Tag seyn, den wirst du auferstehen!
Dann trennt kein Schicksal mehr die Seelen,
die du einander, Natur bestimmtest.

Dann wägt die Wagschaal' in der gehobnen Hand,
Gott Glück und Tugend gegen einander gleich;
Was in der Dinge Lauf jetzt missklingt,
Tönet in ewigen Harmonien!

Wenn du dann dastehst jugendlich auferweckt,
dann eil ich zu dir! Säume nicht, bis mich erst
Ein Seraph bei der Rechten fasse,
Und mich, Unsterblich, zu dir führe!

Dann soll dein Bruder, innig von mir umarmt,
Zu dir auch eilen! Dann will ich thränenvoll,
Voll froher Thränen jenes Leben,
Neben dir stehn, dich mit Namen nennen,

Und dich umarmen! Dann, o Sterblichkeit,
gehörst du ganz uns! Kommt, die das Lied nicht singt,
Kommt, unaussprechlich süße Freuden!
So unaussprechlich, als jetzt mein Schmerz ist.

Rinn unterdes, o Leben. Sie kommt gewiss
Die Stunde, die uns nach der Zypresse ruft!
Ihr andern, seyd der schwermutsvollen
Liebe geweiht! Umwölkt und dunkel!

Bardale

Einen fröhlichen Lenz ward ich, und flog umher!
Diesen fröhlichen Lenz lehrte sorgsam mich,
Meine Mutter, und sagte:
Sing, Bardale, den Frühling durch!

Hört der Wald dich allein, deine Gespielinnen,
Flattern horchend nur sie dir um den Schattenast;
Singe dann, o Bardale,
Nachtigallen Gesänge nur.

Aber tritt er daher, der wie der wachsende
Ahorn schlank sich erhebt, kommt er der Erde Gott,
Sing dann, glücklicher Sänger,
Tönevoller, und lyrischer!

Denn sie hören dich auch, die doch unsterblich sind!

Ihren göttlichsten Trieb lockt dein Gesang hervor.
Ach, Bardale, du singest
Liebe dann den Unsterblichen!

Ich entflog ihr, und sang, und der bewegte Hain
Und die Hügel umher hörten mein flötend' Lied!
Und des Baches Gespräche
Sprachen leiser am Ufer hin.

Doch der Hügel, der Bach war nicht, die Eiche selbst
War der Gott nicht! Und bald senkte der Ton mein Lied.
Denn ich sang dich, o Liebe,
Nicht Göttinnen, und Göttern nicht!

Hermann und Tusnelda

Ha! Da kommt er mit Römerblute,
mit dem Staube der Schlacht bedeckt! So schön war
Hermann niemals! So hat's ihm
Nie von dem Auge geflammt!

Komm! Ich bebe vor Lust! Reich mir den Adler
Und das triefende Schwert! Komm, athm', und ruh hier
aus in meiner Umarmung,
von der zu schrecklichen Schlacht!

Ruh hier, dass ich den Schweiß der Stirn abtrockne,
und der Wange das Blut! Wie glüht die Wange!
Hermann! Hermann! So hat dich
Niemals Tusnelda geliebt!

Selbst nicht, da du zuerst im Eichenschatten
Mit dem bräunlichen Arm mich wilder fasstest!
Fliehend blieb ich, und sah dir
Schon die Unsterblichkeit an,

die nun dein ist! Erzählst in allen Hainen,
dass Augustus nun bang mit seinen Göttern
Nektar trinke! Dass Hermann,
Hermann unsterblicher ist!

„Warum lockst du mein Haar? Liegt nicht der stumme
Todte Vater vor uns? O hätte Augustus
seine Heere geführt; er
läge noch blutiger da!“

Lass dein sinkendes Haar, mich Hermann heben,
dass es über dem Kranz in Locken drohe!
Siegmar ist bei den Göttern!
Folg du, und wein' ihm nicht nach!

Vaterlandslied

(Zum Singen für Johanna Elisabeth von Winthem)

Ich bin ein deutsches Mädchen!
Mein Aug' ist blau, und sanft mein Blick,
Ich hab ein Herz,
das edel ist, und stolz, und gut.

Ich bin ein deutsches Mädchen!
Zorn blickt mein blaues Aug' auf den,
es hasst mein Herz
Den, der sein Vaterland verkennt!

Ich bin ein deutsches Mädchen!
Erköre mir kein ander Land
Zum Vaterland,
wär mir auch frey die große Wahl!

Ich bin ein deutsches Mädchen!
Mein hohes Auge blickt auch Spott,
blickt Spott auf den,
des Säumens macht bey dieser Wahl!

Du bist kein deutscher Jüngling!
Bist dieses lauen Säumens werth,
Des Vaterlands
Nicht werth, wenn du's nicht liebst, wie ich!

Du bist kein deutscher Jüngling!
Mein ganzes Herz verachtet dich,
Der's Vaterland
Verkennt, dich Fremdling! Und dich Thor!

Ich bin ein deutsches Mädchen!
Mein gutes, edles, stolzes Herz
Schlägt laut empor
Beym süßen Namen, Vaterland!

So schlägt mirs einst beym Namen
Des Jünglings nur, der stolz wie ich
Aufs Vaterland
Gut, edel ist, ein Deutscher ist!

-

Erste Serenate

Texte:
August Gottlieb Meißner

„Wach auf! Wach auf!"

Wach auf, geliebter Schläfer!
Wach auf, die Liebe ruft.

Weckt dich die Silberstimme,
weckt dich der Rosenfittich
Der holden Göttinn nicht?

Durch stiller Schatten Dunkel
Sucht einsam dich mein Blick;
Streckt einsam meine Rechte
Sich hin nach dir, du Trauter!
Wach auf, die Liebe ruft!

Zweite Serenate

Süßes Liebchen, ach erscheine!
Sieh, mein Lager flieht die Ruh.
Stiller Schlummer deckt die Haine,
schließt des Städters Auge zu.
Doch der Liebe Kummer
Hat, mit kalter Hand,
Ruhe, Traum und Schlummer
Von mir weggebannt.

Leuchte wieder, wie Lucine
Am entwölkten Himmel lacht!
Schon dein Auge, Wilhelmine,
scheucht das Graun der Mitternacht;
Um ein einzig Lächeln
Macht die Wüste grün,
Laue Zephyrs fächeln
Und die Rosen blühn.

Dritte Serenate

Liebchen, schön wie Frühlingsnacht,
wenn sie über Fluren lacht!
Ist vom Schlaf verdrossen
Schon dein Aeuglein zugeschlossen?
Oder gönnst du, Holde, mir
Noch den kleinsten Blick von Dir?

Unter Tanz und Spiel vollbracht
Ist die liebe lange Nacht.
Warum muss dein Fehlen
Mich sonst Wonnetrunken quälen?
Kleinod aller Sterblichen,
O erschein am Fensterchen!

Wie der Mond so lieblich lacht!
Still ist Lust und still ist Nacht!
Keine Winde rauschen;
Keine Neiderohren lauschen;
O wenn dir mein Herz gefällt,

Komm, du Schmuck der jungen Welt!

Du nur hättest die Nacht
Mich zum frohsten Gott gemacht!
Ach! Wie ich die suchte!
Nirgends fand und heimlich fluchte!
Mir war aller Masquentanz
Spreu für deiner Augen Glanz.

Komm du Stern in stiller Nacht,
eh des Nachbars Haus erwacht!
Hart ist deine Pforte;
Doch nur wenig, wenig Worte;
Und ich tauschte mein Geschick
Nicht mit Nadirs Helden-Glück.

Vierte Serenate
Düster liegt die Nacht umher;
Jedes Aug ist schlummerschwer,
Jede Flur ist menschenleer;
Aber nur ich, ich wache noch!
Aber nur ich, trautes Julchen, fühle noch
Schlummer und Traumgesicht
Ruhe, und Erquickung nicht.

Mädchen mit dem Rosenmund,
O, wie ist mein Herz so wund!
Flieh, der Liebe süßen Bund,
flieh ihn, Mädchen, länger nicht mehr!
Damit nicht der Sorgen ertödtendes Heer,
Eh' als mein Lenz verblüht,
in die Grube mich zieht.

Bey der Liebe liebstem Sohn,
Bey Cytherens Götterthron,
fleh ich halt, o halte den Lohn
meiner Treu nicht länger mir auf!
Dieses Zährenstroms gewaltiger Lauf
Und dies bleiche Gesicht –
Ach! Erweicht es dich nicht?

Düster liegt die Flur umher
Donnerwolken ziehen schwer
Am nächtlichen Himmel daher;
O, wie gleicht mein Herz dieser Nacht!
Doch so bald nur, Schönste, dein Aug mir lacht,
dann drohe, was da will;
Himmel und Herz wird still.

Fünfte Serenate

Im Schnee begraben starret
Die traurige Natur;
Kein Vogel harret,
Auf der verwaisten Flur;
Gefroren sind die Teiche,
Entblättert die Gesträuche,
und rings umher die Welt ein Grab.

Aber nur ich, ich harre,
vor deiner öden Thür:
Auf ländlicher Gitarre
Sing ich ein Lied von dir;
Seh' mit gelassner Seele,
Aus Äols schwärz'ster Höhle
Den Nordwind stürzen, der mir droht!

O, der ist nicht der Küsse
Der Götterlippe werth,
der nicht für dich , du Süße
Gefahr und Schmerz begehrt:
Nichts trotzt der schwersten Bürde,
gelassen lächeln würde,
Wenn ihm dein Bild vor Augen schwebt!

Doch gütigste Themire,
sanft wie der jüngste West,
so, öffne mir die Thüre,
eh mich mein Geist verlässt!
Schon starren meine Glieder;
Bald sink ich kraftlos nieder,
und schlummre hin, in ew'ge Nacht.

Mit meinen letzten Blicken
Würd' ich nach dir noch sehn'
Noch nennte mit Entzücken
Mein letzter Hauch dich schön!
Doch dieser Lohn der Treue,
Er würde später Reue
Zu später Wehemuth Mutter seyn.

Sechste Serenate

Der Regen strömt; der Sturm ist erwacht;
Verlassen lieg ich hier in einsamer Nacht!
Verlassen, ach! Lieg ich hier vor der grausamen Thür!
O sie!- sonst mein Leitstern, mein Entzücken,
Sie, das Mädchen mit den Engelblicken,
sie riss sich ach, sie riss sich von mir!

Regen ströme! Sturm erwache!
Donnre laut, du Donner der Rache!
Donnre laut!
Da liegt sie, die mir versprochne Braut,
in des Verräters Arm
Von Wollust berauscht, von Küssen warm.

Heraus! Heraus aus dem Rausche deines Schlummers!
Bald werden die Töne des sterbenden Kummers
Den Schlaf von deinem Bette scheuen.
Träume des Schreckens, Bilder von Leichen,
werden um dein Lager stehn,
Werden Dolche dir im Busen,
Nattern in dein Herz dir drehen.
Und auch ich, den du erwürgest,
werde blutig unter dem Haufen dir winken;
Dann wirst du umsonst, mit bittender Gebärde,
an den Busen deines Lieblings sinken;
dann wird des Gewissens Folterpein
Dein Begleiter am Tage,
Dein Verfolger in Nächten seyn!

Ach! So kehre, weil noch Zeit ist - kehre wieder!
Warst ja sonst so zärtlich, warst so engelschön!
Sieh, verziehen ist dein Vergehen;
Holder Stern, nur leuchte wieder!
Leuchte, eh des letzten Abends Dunkel
Schaudervoll mein Leben schließt;
Und die letzte bange Thräne
Vom gebrochnen Auge fließt.

7.Anhang
(aus Claudine von Villa Bella)
Liebliches Kind,
Kannst du mir sagen,
Sagen warum, Zärtliche Seelen
Einsam und stumm,
Immer sich quälen,
Selbst sich betrügen,
Und ihr Vergnügen
Immer nur ahnden,
da wo sie sind?
Kannst du mirs sagen,
Liebliches Kind?
-

Karoline Großmann.

Eine
biographische Skizze
herausgegeben

von

C. G. N.

Mit Portrait und Vignetten.

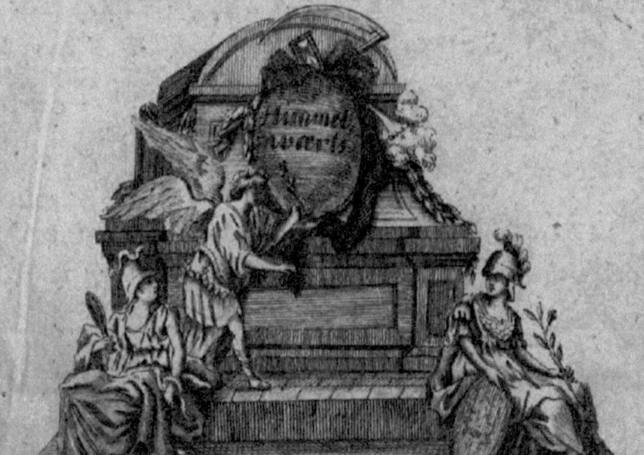

Göttingen,
bey Johann Christian Dieterich.
1784.

Biographische Skizze über Karoline Großmann
mit persönlichen Anmerkungen von C.G.Neefe

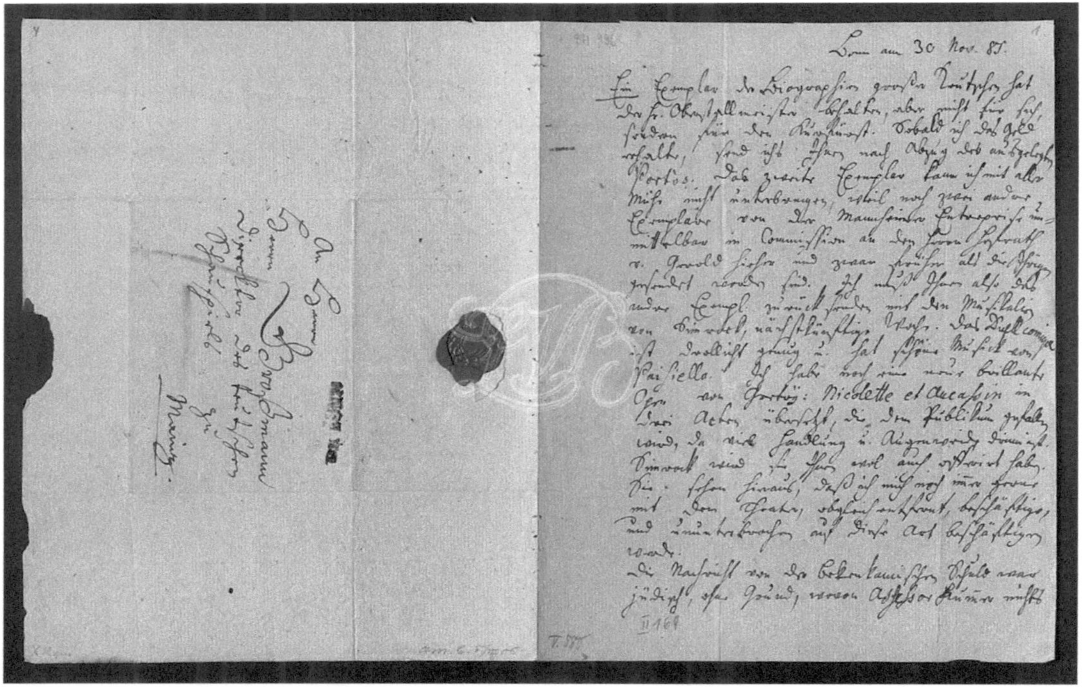

Brief an G.. F. W. Großmann 30.November 1785

Mit Höchstgnädigster Erlaubniß
wird Heute
Mittwoch den 31. August 1796
von der
Fürstlich-Anhalt-Dessauischen Hofschauspielergesellschaft
aufgeführt:

Der
Baum der Diana.

Eine große heroisch-komische Oper in zwey Aufzügen,
nach dem Italienischen für die deutsche Bühne bearbeitet vom
Herrn Musikdirector Neefe.

Die Musik ist vom Kapellmeister Martini.

Personen:

Die Göttinn Diana,	Madame Mittel.
Amor,	Demois. Neefe.
Endimion, ein Schäfer,	Herr Gollmick d. ä.
Silvio, ein Jäger,	Herr Mittel.
Dorist, ein Hirt und Wächter des Dianen-Baums,	Herr Zeis.
Britomarte, Nymphen der Göttin Diana,	Madame Zeis.
Klizia, Nymphen der Göttin Diana,	Madame Sehring.
Kloe, Nymphen der Göttin Diana,	Madame Gollmick.
Hymen,	Mariane Sehring.
Priester,	Bossann. Herr Gollmick d. j. Herr Händler. Herr Sehring.

Chor von Schutzgeister.

Verwandlungen:

Erster Aufzug: Ein schöner Garten mit Mauern umgeben, vorne der Eingang zum Tempel der Diana, hinten ein kleiner See. In der Mitte der Dianen-Baum mit goldenen Früchten.

Zweyter Aufzug: Ein kleiner Hayn. In der Entfernung der Dianen-Tempel. — Wald. — Garten, hinten das Badhaus der Diana. — Ein anderer Garten. — Saal im Pallast der Liebe.

Die Person zahlt:

Auf dem ersten Platz — — — 8 gr.
Auf dem zweyten Platz — — — 6 gr.
Auf dem dritten Platz — — — 4 gr.
Auf dem letzten Platz — — — 2 gr.

Kinder bis zum zehnten Jahre zahlen auf die zwei ersten Plätze die Hälfte.

Wer sich an der Kasse nicht aufhalten will, kann vorher Billets im Erbprinzen haben, sind aber nur den Tag gültig, an welchen sie gelößt werden.

Der Schauplatz ist in der Fürstlichen Reitbahn, und der Anfang präcise um 7 Uhr.

F. W. Bossann.

Theaterzettel von 1796, in der Besetzung mit Louise Neefe und in der Bearbeitung von Vater Christian Gottlob Neefe

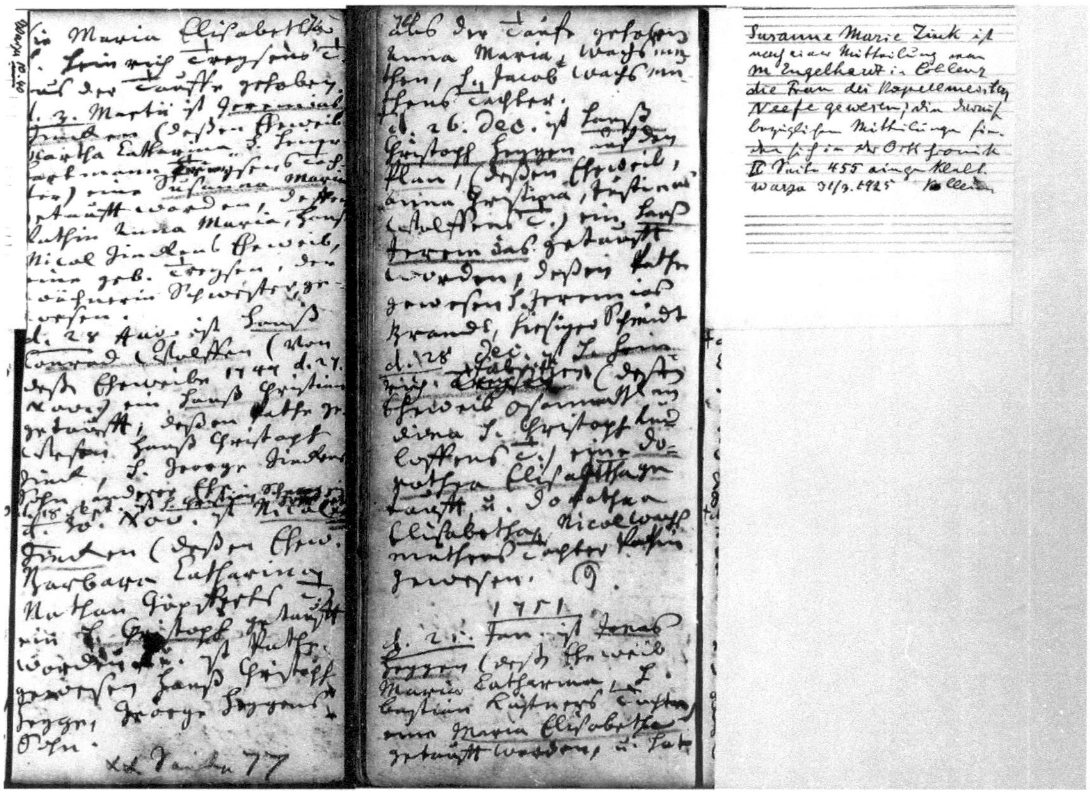

Geburtsurkunde Susanne Maria Zink
Landeskirchenarchiv Eisenach

Zeittafel

1685 - 1798

1685
21.März Geburt Johann Sebastian Bach in Eisenach.
05.März Geburt Georg Friedrich Händel in Halle (Saale.)

1689
Johann Salomon Wahl, ehemaliger Hofmaler Christians VI. von Dänemark wird in Chemnitz geboren. Wo er als Porträtmaler den holsteinischen und dänischen Adel zu seinen Kunden zählte. Allein von der dänischen Königs-Familie porträtierte er Hunderte von Bildern. Er verstarb 1765 in Kopenhagen.

1694
August der Starke wird als Friedrich August I. Kurfürst von Sachsen.
Das Auguste'sche Zeitalter (1694 - 1763) beginnt.
Bachs Mutter Elisabeth Bach, geborene Lemmerhirt verstirbt am 3.Mai 1694 in Eisenach. Der Vater heiratet am 27.November die Witwe Barbara Margarete Bartholomäi, eine geborene Keul.
Joseph Fröhlich, Hofnarr, geboren am 18.Februar in Altausee/im steirischen Salzkammergut, galt als einer der kuriosesten Zauberkünstler am sächsischen Hofe, wo er 1727 als „Kurzweiliger Rat" nach Dresden unter August dem Starken in dessen Dienste stand.

1695
Johann Ambrosius Bach, der Vater verstirbt am 20.Februar (2.März?)1695.
Johann Sebastian Bach wird Vollweise. Der dreizehn Jahre ältere Bruder Johann Christoph, Organist an St. Michaelis in Ohrdruf, übernimmt seine weitere Erziehung und lehrt dem zehnjährigen Bach das Orgelspiel. Johann Sebastian Bach besucht das Lyzeum bis zur Prima und ist als Chorsänger tätig.

1696
Errichtung einer kursächsischen Post von Leipzig nach Annaberg mit Station In Chemnitz.

1697
Aus politischer Überlegung konvertiert Friedrich August I. heimlich am 1.Juli in der katholischen Hofkappelle zu Baden bei Wien, und geht am 27. Juli öffentlich in Deutsch - Piekar zum katholischen Glauben über und wird als August II. König von Polen; Stände und Bevölkerung Sachsens bleiben protestantisch.

Die Schauspielerin und Prinzipalin Friederike Caroline Neuber, Urheberin des guten Geschmacks auf der deutschen Bühne, wird am 9.März in

Reichenbach/Vogtland geboren. Sie war Gründerin der Neuberschen Schauspieltruppe. Als „Mutter des deutschen Theaters“ musste sie aufgrund wirtschaftlicher Not ihre so berühmte Wanderbühne aufgeben. Eine neue Theatergruppe zu gründen, wie ein Gastspiel in Wien blieben ebenso erfolglos. Sie verstarb völlig verarmt und von der Theaterwelt vergessen, am 28.November 1760 in Laubegast, wo die Kirche ein Begräbnis ablehnte, sodass sie heimlich an der Leubener Friedhofsmauer bestattet werden musste.

1699
Christoph Gottlieb Schröter, Komponist und Organist wird am 10.August in Hohenstein geboren. Schröter schuf umfangreiche Werke, darunter Kirchenkantaten, Serenaden, Konzerte, Ouvertüren, Sonaten, Präludien und Fugen für Orgel und Hammerklavier, wo er unter anderem die Hammerklavier - Mechanik erfand. Um 1717 erfand er zwei Hammermechaniken für Cembali die er allerdings aus finanziellen Gründen nicht weiterentwickeln konnte. Schröter gilt aber als Miterfinder des Klaviers.

1700
Die Stadt Chemnitz beherbergt zu diesem Zeitpunkt um die 5000 Einwohner. Heinrich Graf von Brühl wird am 13.August in Gangloffsömmern geboren. Durch die glücklose Teilnahme am Nordischen Krieg gegen Schweden verliert August der Starke 1706 zeitweilig die polnische Krone. Der große nordische Krieg beginnend 1700 zwischen Schweden, Sachsen und Preußen endete erst Ende 1719.
Der deutsche Organist und Komponist Johann Nikolaus Tischer wird in Böhlen (Thüringen) geboren. Besonders bekannt durch den pädagogischen Wert seiner Klavierwerke. Das er Schüler von Johann Sebastian Bach war ist eine frei erfundene Legende. Hingegen war er Schüler von dem Komponisten Johann Graf.
Christian Friedrich Henrici (Pseudonym Picander) wird am 14.Januar in Stolpen bei Dresden geboren. Er galt als der wichtigste Textdichter Johann Sebastian Bachs. Verfasste unter anderem auch den Text für die Matthäus Passion. Picanders Frau Johanna Elisabeth war Taufpatin von Johanna Carolin Bach (1742- 1809), sie war die zweitjüngste Tochter von

Johann Sebastian Bach. Picander verfasste vor der Zusammenarbeit mit Bach zunächst erotische Gedichte und Dramen und lebte in Leipzig, wo er am 10.Mai 1764 verstarb.

Johann Christopf Gottsched, bedeutender Schriftsteller, Dramaturg und Sprachforscher, wird am 2.Februar in Juditten, Herzogtum Preußen geboren. Bekannt wurde er durch die Zusammenarbeit mit Johann Neuber und seiner Ehefrau Friederike Carolin Neuber, wo die Idee fruchtete ein regelrecht, nationales, deutsches Theater zu gründen. Ebenso seine Wochenzeitschriften „Der Biedermann“ dienten zur literarischen Frühaufklärung und des allgemeinen Theatergeschehens.

1706
Während des nordischen Krieges erhält Chemnitz eine dänische Besetzung, danach eine wechselnde Besetzung durch schwedische, russische und sächsische Truppen. Die Kontributionen betragen 44.000 Taler.

1707
Johann Sebastian Bach heiratet am 17.Oktober Maria Barbara Bach in Dornheim bei Arnstadt, eine Cousine zweiten Grades aus Arnstadt und Tochter des Johann Michael Bach. Aus deren Ehe entstammen sieben Kinder, wovon ein Sohn und eine Tochter beide nach der Geburt noch im selbigen Jahr 1713 verstarben.

Organist und Komponist Gilles van den Eeden (Tag unbekannt) wird in Lüttich geboren. Er war der Sohn von Henri van den Eeden (Basssänger), der 1695 am Lütticher Hof sang, und besuchte 1716 die Chorschule am Kölner Wahlgericht. Dort wurde er am 11.März 1723 zum zweiten Organisten mit einem Gehalt von 150 Gulden eingestellt. Danach ging er nach Bonn als kurfürstlicher Hoforganist, und setzte, nach der bereits begonnenen Ausbildung vonseiten des Johann van Beethovens, den Unterricht (1778) mit dem jungen Beethoven fort. Der unter Anlass seines Vaters bereits als Sechsjähriger am 26.März in Köln öffentlich auftrat.

Beginn des Baus des Taschenbergspalais unter der Leitung von Matthäus Daniel Pöppelmann in Dresden. Welches 1715 fertig gestellt, und ein Geschenk vom Kurfürsten August des Starken an seine Mätresse Constantia von Cosel war.

1708
Neubau der Hospitalkirche St. Georg in Chemnitz.

1709
Johann Friedrich Böttger meldet August dem Starken 1709 die gemeinsam mit Ehrenfried Walter von Tschirnhaus entwickelte Produktion des europäischen Porzellans in Meißen.
Händels Kantate *Apollo e Dafne* wird 1709 - 1710 in Hannover und Venedig aufgeführt.

1710
22. November Wilhelm Friedemann Bach wird in Weimar geboren.
Der Baumeister Pöppelmann wird durch August dem Starken zum Geheimkämmerer ernannt.

1711
Gottfried Silbermann (1683 - 1753) baut in Frauenstein/Erzgebirge die erste seiner insgesamt 50 Orgeln.

1712

23.Dezember, Geburt des Großvaters, Ludwig an Beethoven in Antwerpen.
Johann Sebastian Bachs Kirchenkantate *Mein Gott, wie lang, ach lange?* wird am 19.Januar in der Weimarer Schlosskirche uraufgeführt.
Das Opernhaus vorm Salztor in Naumburg (Saale) wird durch einen Brand am 30.April völlig vernichtet und danach wieder aufgebaut.
1.Februar Geburt (Schwerin) von Konrad Ernst Ackermann, berühmter deutscher Schauspieler, der mit seiner *Ackermannchen Truppe* im 18.Jahrhundert durch die Lande zog, mehrere Theater eröffnete, und mit Gotthold Ephraim Lessing zusammenarbeitete.
Im selbigen Jahr wird am 24.Januar, später Friedrich von Preußen, genannt auch Friedrich II. der Große in Berlin geboren.
Georg Philipp Telemann, Komponist des Barocks, wird 1712 zum städtischen Musikdirektor und Kapellmeister zweier Kirchen in Frankfurt am Main ernannt.
Friedrich Wilhelm Zachow, bekannter deutscher Komponist des Barocks (*14.11.1663) in Leipzig, verstirbt am 7.August in Halle. Zu seinen berühmtesten zählte Georg Friedrich Händel. Weitere Schüler waren die Barockkomponisten Gottfried Kirchhoff, Johann Krieger und Johann Gotthilf Ziegler.

1713

Ende einer leidenschaftlichen Beziehung zwischen August dem Starken und seiner wohl bekanntesten Mätresse Gräfin Cosel. Gräfin Anna Constantia von Brockdorff (*17.Oktober 1680), verstirbt nach 49.Jahren Verbannung am 31.März 1765 84-jährig auf der Burg Stolpen. Anna Constantia hatte mit August drei Kinder.

1714

Carl Philipp Emanuel Bach, Sohn des berühmten Sebastian Bach wird am 8.März in Weimar geboren. Christoph Willibald Gluck wird am 2.Juli in Bayern, Erasbach geboren. Späterer bekannter Opernkomponist, dessen Werke *Orpheus und Eurydike* und *Iphigenie auf Aulis* zu den bedeutendsten und meist gespielten Werken zählen.
Gottfried August Homilius wird am 2.Februar in Rosenthal geboren. Als Komponist, Kantor und Organist zählte er vermutlich zum unmittelbaren Schülerkreis von Johann Sebastian Bach. Er war Lehrer von Christan Gotthilf Tag (1735 - 1811), späterer Kantor und Komponist in Hohenstein, und kurzweiliger Ratgeber und Lehrer für Christian Gottlob Neefe. Auf Tags Anraten hin nahm Neefe Monate später den weiteren musikalischen Unterricht bei Johann Adam Hiller in Leipzig auf.

1715

Der Dichter Christian Fürchtegott Gellert, wird als neuntes Kind von dreizehn Kindern, als Sohn eines Pfarrers in Hainichen am 4.Juli bei Freiberg (Sachsen) geboren.

Der Dichter und Offizier Ewald Christian von Kleist wird auf dem väterlichen Gut in Zeblin (Hinterpommern) am 7.März geboren.

Der dritte Sohn der Familie Bach, Johann Gottfried Bernhard wird am 11.Mai in Weimar geboren. Er besuchte die Thomasschule in Leipzig und erhielt so wie seine Brüder eine musikalische Ausbildung durch seinen Vater. Zunächst als Organist tätig, begab G.B. sich nach Jena um dort als Student der Rechte an der Universität zu immatrikulieren. Sein Onkel Johann Nikolaus Bach bot ihm Kost und Logis, wo er in dessen Hause mit 24.Jahren am *hitzigen Fieber* verstarb. Von Johann Gottfried Bernhard ist „keine einige Note der Nachwelt überliefert".

1716
Gottfried Wilhelm Leibniz, bedeutender Philosoph, Wissenschaftler und Universalgelehrter (*1.Juli 1646 in Leipzig) verstirbt im Alter von 70.Jahren am Samstag, den 14.November in Hannover.

1717
Geburt am 13.Mai Maria Theresia Walburga Amalia Christina von Österreich, spätere Kaiserin von Österreich.

Johann Joachim Winckelmann, Altertumswissenschaftler und Wegbereiter der Weimarer Klassik, wird am 9.Dezember 1717 in Stendal geboren.

1718
Friedrich Wilhelm Marpurg wird am 21.November auf dem Seehof in Wendemark (Altmark) geboren. Als Musiktheoretiker, Kritiker - und Historiker war er unter anderem mit Gotthold Ephraim Lessing befreundet. Machte sich aber aufgrund seiner Streitlust und ständig kritisierender Polemik viele Feinde. Der größte Teil von Marpurgs musikalischen Publikationen fällt in die Jahre 1750 - 1763.

1719
Johann Leopold Georg Mozart, deutscher Komponist, wird am 14.November in Augsburg geboren.
Er arbeitete Zeit seines Lebens in Salzburg, und war Vater und Lehrer von Wolfgang Amadeus Mozart.

Am 30. November wurde Augusta von Sachsen - Gotha Altenburg in Gotha geboren, spätere Princess of Wales und Mutter des britischen Königs Georg III.

Gegen Ende des nordischen Krieges sicherte sich August der Starke seine Polenpolitik gegenüber Russland und Preußen im Wiener Allianzvertrag 1719 mit dem Kaiser und Großbritannien ab.

Johann Friedrich Böttger, Erfinder des europäischen Porzellans verstirbt im Alter von 37.Jahren am 13.März in seiner Dresdner Wohnung.

Der deutsche Dichter, Dramatiker und Dichtungstheoretiker Johann Elias Schlegel wird am 17.Januar in Meißen geboren.
Johann Wilhelm Ludwig Gleim, wird am 2.April in Ermsleben/Sachsen Anhalt geboren. Seinen Höhepunkt als Dichter erlangte Gleim während des siebenjährigen Krieges, als Verfasser des preußischen Kriegsliedes. Ebenso vertont wurden seine Gedichte von Telemann, Schubart und dem Musikliebhaber Gottfried Krause. Bekannt in erster Linie durch seine Kriegslyrik verstarb Gleim am 18.Februar 1803 in Halberstadt.

1720
Bachs Frau Maria Barbara verstirbt überraschend, wo die erst 35jährige am 7. Juli, in Abwesenheit ihres Mannes auf dem Köthener alten Friedhof beigesetzt wird. Johann Sebastian Bach hielt sich zur Zeit der Verstorbenen in Karlsbad auf, wo er unter dem Gefolge seines Dienstherrn, des Fürsten Leopold von Anhalt - Köthen stand, und ihn die Nachricht über den Tod seiner Frau zu spät ereilte.

1721
Bernardo Belotto, genannt Canaletto, wird am 30. Januar in Venedig geboren, und galt später als einer der berühmtesten italienischen Maler am Hofe in Dresden. Am 17.November 1780 verstirbt er in Warschau.

1722
Georg Anton Benda, Pflegevater von **Maria Susanne Zink (1751 - 1821**), wird am 30.Juni in Alt - Benatek an der Isar (nordöstlich Prag)getauft. Er zählt zu den bedeutenden Kapellmeistern und Komponisten seiner Zeit.

Der berühmte Maler Johann Heinrich Tischbein der Aeltere wurde am 3.Oktober in Haina, Hessen geboren. Bekannter Tier - und Landschaftsmaler, bekannt auch durch seine Kupferstiche und Radierungen.

1723
Christian Gottlob Neefes Vater Johann Gottlieb Neefe, wird als Sohn des Büttnermeisters Sigismund Neefe und dessen Ehefrau Rosine, am 22.Februar 1723 in Hartenstein (Erzgebirge) geboren.

Johann Sebastian Bach ist seit 30.Mai Thomaskantor und musikalischer Leiter der Thomaskirche in Leipzig.

1724
Immanuel Kant der deutsche und einer der bedeutendsten Philosophen, der Aufklärung und Begründer der modernen abendländischen Philosophie, wird am 22.April in Königsberg, Ostpreußen (heutiges Kaliningrad) geboren.

Der deutsche Lyriker und Dramatiker Friedrich, Gottlieb Klopstock, geboren am 2.Juli in Quedlinburg, studierte 1745/46 Theologie in Jena. War 1746

Mitarbeiter der „Bremer Beiträge" in Leipzig und ließ die ersten drei Gesänge des *Messias* drucken. Klopstock starb am 14.03.1803 in Hamburg.

Rosina Weyrauch, die Mutter von Christian Gottlob Neefe wird am 22. Oktober in Chemnitz in der Kirche St.Jacobi getauft.

1725

8. Februar Peter I. Zar von Russland verstirbt mit 58 Jahren in St. Petersburg

1726

Der Dramatiker, Lyriker, Kinderbuchschriftsteller und Übersetzer Christian Felix Weiße wird am 28.Januar in Annaberg (Sachsen) geboren. Ebenso als Zeitschriftenredakteur tätig, verdeutlichen Weißes Vielfältigkeit und spielten in der zweiten Hälfte des 18.Jahunderts eine bedeutende Rolle. Seine Verdienste jedoch, nicht zuletzt seine gesamten literaturwissenschaftlichen Forschungen gerieten schnell in Vergessenheit. Zwischen 1750 und 1780 war Weiße einer der bekanntesten und am häufigsten gespielten Bühnenautoren an den deutschen Theatern. Er verstarb im Alter von 77.Jahren am 16.12.1804 in Stötteritz bei Leipzig.

1727

Johann Gottlieb Goldberg wird am 14.März in Danzig geboren. Als bekannter Cembalist und Organist des Barocks, war er Schüler von Johann Sebastian Bach. Zu Goldbergs spielerischer Präzision und Ausdruckskraft kamen ein hohes improvisatorisches Talent, sowie die Fähigkeit, schwierigste Partituren vom Blatt zu spielen. Nach ihm sind die *Goldberg Variationen* von Johann Sebastian Bach benannt. Goldberg verstarb im Alter von 29.Jahren am 15.April 1756 an Tuberkulose in Dresden.

1728

Anton Raphael Mengs, Sohn des berühmten sächsischen Hofmalers Ismael Mengs, wird am 12.März in Aussig, Böhmen geboren. Er wurde 1751 zum sächsischen Hofmaler am Hofe Friedrich Augusts II. ernannt, und wurde zu einem wesentlichen Wegbegleiter und Vertreter des Klassizismus. Mengs war ein brillanter Porträtmaler, wo die Mächtigsten seiner Zeit wie Papst Clemens XIII. Friedrich der Große, Könige von Sachsen und Spanien, als auch Katharina II. sich von ihm porträtieren ließen.

Katharina II., genannt Katharina die Große wird am 2.Mai, als Sophie Auguste Friederike von Anhalt - Zerbst in Stettin geboren. 1762 wurde sie im Juli zur Kaiserin von Russland ernannt.

Johann Adam Hiller, Komponist, Dirigent, Freund, Förderer und Lehrer von Christian Gottlob Neefe, wird am 25.12. in Wendisch Ossig (ehemaliges Polen) bei Görlitz geboren.

1729

Geburt des berühmten Sprach- und Altertumsforschers Christian Gottlob Heyne.

Errichtung einer Brücke über die Gablenz in die Johannisvorstadt in Chemnitz.

Am 6.September wird Moses Mendelsohn in Dessau geboren. Er galt als deutscher Philosoph der Aufklärung (Hauptwerk „Phaedon oder die Unsterblichkeit der Seele"1767), der sich für das Judentum einsetzte und Vorbild für den Juden Nathan in Lessings Drama „Nathan der Weise" (1779) war. Mendelsohn verstarb mit 56.Jahren am 4.Januar 1786 in Berlin.
Der deutsche Schriftsteller Gotthold Ephraim Lessing erblickt am 22.01. in Kamenz das Licht der Welt.

1730
Sophie von La Roche, deutsche Schriftstellerin der Aufklärung, wird am 6.Dezember in Kaufbeuren geboren. Zu ihren Zeitgenossen zählten Goethe, Hölderlin und Clemens Brentano. Mit 76. Jahren verstirbt La Roche am 18.Februar 1807 in Offenbach am Main.

1731
Johann Sebastians Bachs die *Markus- Passion* wird am 23.März an einem Karfreitag in Leipzig uraufgeführt. Die Kirchenkantate *Der Herr ist mein getreuer Hirt* wird am 8.April in der Leipziger Nicolaikirche uraufgeführt.

Protestantenvertreibung unter dem Fürsterzbischof Firmian aus dem Salzburger Land. Er rief aus Bayern die Jesuiten in das Land, um mit ihrer Hilfe das evangelische Glaubenbekenntnis auszurotten.

Goethes Mutter, Catharina Elisabeth Goethe, als älteste Tochter des Frankfurter Bürgermeisters Johann Wolfgang Textor, wird am 19.Februar in Frankfurt am Main geboren.

1732
Der österreichische Komponist Franz Joseph Haydn wird am 31.März in Rohrau, Niederösterreich geboren.

Friedrich Schillers Mutter, Elisabetha Dorothea Schiller, geborene Kodweiß wird am 13.Dezember in Marbach am Neckar geboren.

Helene Amalie Krupp, Begründerin der Krupp Dynastie wird am 10.Juli in Essen geboren.

Der deutsche Musiker und Komponist aus der Familie Bach, Johann Christoph Friedrich Bach, wird als Dritter der vier komponierenden Bachsöhne am 21.Juni in Leipzig geboren. Erhielt seine musikalische Ausbildung durch seinen Vater Wilhelm Friedemann Bach, den älteren Sohn von Johann Sebastian Bach.

1733
Der deutsche Dichter, Übersetzer und Herausgeber zur Zeit der Aufklärung Christoph Martin Wieland wird am 5.September in Oberholzheim bei Biberach geboren.

Der polnische Thronfolgekrieg, auch polnischer Erbfolgekrieg genannt, brach nach dem Tod des Königs August II. des Starken in Polen, am Rhein und Italien aus.
Louis van Beethoven wird im März als Hofmusikus (Bassist) des Kurfürsten Clemens August von Köln in Bonn angestellt. Am 7.September heiratet er Maria Josepha Poll, in Anwesen des Trauzeugen Hofmusikus van den Eeden.

1734
Johann Gottfried Reiche, bedeutender Trompetenvirtuose des Barocks verstirbt am 6.Oktober in Leipzig. Reiche war ein Freund des seit 1723 in Leipzig lebenden Johann Sebastian Bach und wirkte als Solist bei der Aufführung zahlreicher Kompositionen Bachs mit.

1735
Johann Christian Bach, aus der Bachfamilie, wird als Elftes von dreizehn Kindern am 5.September in Leipzig geboren. Er wurde als verkanntes Genie, und als *Vater und Erfinder* der Wiener Klassik bezeichnet. Außerdem hatte er einen großen Einfluss speziell auf den musikalischen Stil des jungen Mozarts. Stationen wie London und Mailand waren von einer erfolgreichen Pianisten - und Komponistenkarriere begleitet, wo unter anderem auch die ersten

Begegnungen in London mit Leopold Mozart und seinem Sohn Wolfgang Amadeus (1764 und 1765) stattfanden. Hier in frühen Arbeiten des jungen Mozarts stilistische Einflüsse des Londoner Bachs, sich bereits auch in Mozarts ersten Londoner Sinfonien bemerkbar machten.

1736
Anton Graff, bekannter Zeichner und Maler, wird am 18.November in Winterthur (Schweiz) geboren. Er war ein berühmter Porträtist von Lessing,

Friedrich des Großen und von Friedrich Schiller. Graff hinterließ der Nachwelt eine herausragende Übersicht über Persönlichkeiten seiner Zeit. Seine Porträts stellen eine Art Geschichtsdokumente dar. Graff wurde 1766 zum kurfürstlich sächsischen Hofmaler in Dresden ernannt, wo er am 22.Juni 1813 ebenso auch verstarb.

Matthäus Daniel Pöppelmann, berühmtester Baumeister unter August des Starken, verstirbt am 17.Januar in Dresden.

1737
Friederike Caroline Neuber verbannt den Hanswurst von der Bühne, und führt stattdessen einen neuen Theaterstil ein, wo sie überwiegend Theaterstücke mit Themen des Bürgertums in hochdeutscher Sprache auf den Spielplan setzt.

1738
Carl Ditters von Dittersdorf, bekannter Komponist der Wiener Klassik wird am 2.November in Wien, ob der Laimgrube geboren. Er komponierte

insgesamt 32 Opern und Singspiele. Wo das wohl bekannteste Singspiel *Doktor und Apotheker* heute noch aufgeführt werden.
Fürst Anton I. Esterházy de Galantha wird am 11.April in Wien geboren. Er war der sechste Majoratsherr der Magnatenfamilie Esterházy, und musste aufgrund eines Schuldenbergs von 3,8 Millionen Gulden 1790 einen Sparkurs einführen, welches ebenso auch die Auflösung der Hofkapelle, unter der musikalischen Leitung von Joseph Haydn, erforderte.

1739

Geburt Johann van Beethoven, später Tenorist am kurfürstlichen Hofe zu Bonn. Vater von Ludwig van Beethoven.
Friedrich Wilhelm Rust, deutscher Geiger und Komponist, wird am 6.Juli in Wörlitz/Dessau geboren. Er studierte zunächst in Halle Rechtswissenschaft wo er von Wilhelm Friedemann Bach in Komposition, Orgel - und Klavierspiel unterrichtet wurde. Des Weiteren war er Schüler von Carl Philipp Emanuel Bach und Franz Benda. Als Hofmusikdirektor und Leiter des Theaters in Dessau stand er auch mit Goethe in Kontakt, der einen Großteil seiner Texte von Rust vertonen ließ. Rust schrieb vor allem Werke für Violine und Klavier, wandte sich aber insbesondere in den letzten zwölf Lebensjahren verstärkt auch der Kirchenmusik zu.
Anna Amalia wird am 24.Oktober als braunschweigsche Prinzessin im Schloss Wolfenbüttel geboren. Am 16.März 1756 wurde die geborene Welfin von ihrem Vater mit dem 18.jährigen kränkelnden Herzog Ernst August II. von Sachsen - Weimar- Eisenach vermählt.
Nach dem Tod ihres Mannes Mai 1758, widmete sie sich immer mehr, trotz der finanziellen Misere den schönen Künsten und der Wissenschaften zu. 1761 ließ Anna Amalia das grüne Schlösschen, ehemaliges Wohnhaus, zu einem öffentlichen Bibliotheksgebäude umgestalten. Unter anderem förderte sie die Universität in Jena. Bedeutende Persönlichkeiten wie Goethe, Herder, Wieland und viele andere Dichter und Denker gingen in ihrem Haus ein und aus. Anna Amalia verstirbt am 10.April 1807 nach einer kurzen Krankheit in Weimar.

1740

Matthias Claudius, deutscher Dichter wird am 15.August in Rheinfeld/Holstein geboren. Bekannt als Lyriker mit volksliedhafter, intensiv empfundener Verskunst, zählte *Der Mond ist aufgegangen - die goldnen Sternlein prangen...*vertont von Kapellmeister Johann Abraham Peter Schulz, zu den bekanntesten Werken der deutschen Literatur.

1741

Johann Gottlieb Naumann, der zu Lebzeiten als Komponist großes Ansehen genießt, wird am 13.April in Blasewitz/Dresden geboren. Das Kind Naumann erarbeitet sich auf eigene Faust erste musikalische Grundlagen, und wird später Schüler der Dresdner Kreuzschule. Nimmt 1757 - 1762 Unterricht in Italien bei Tartini und Johann Adolf Hasse. Komponiert mehrere Opern, und wird 1764 als zweiter Kirchenkompositeur am Dresdner Hof angestellt, wo er später 1776 als Kapellmeister agierte. Naumann komponierte Opern in italienischer Sprache, mehrere Oratorien und Kirchenmusik. Obwohl des Erfolges, geriet er schnell in Vergessenheit, wo erst lang nach seinem Tod (22.10. 1801) in Dresden erst im 20.Jahrhundert seine Werke wiederentdeckt und aufgeführt wurden.

1742

Amalia von Stein, Goethes engste Vertraute und Freundin, wird am 25.Dezember in Eisenach, Thüringen geboren.

1744

Johann Gottfried Herder wird als Sohn des Mädchenschulmeisters Johann Herder und seiner Ehefrau Anna Elisabeth geb. Peltz, Tochter eines Schuhmachers, als drittes Kind am 25.August um Mitternacht in Mohrungen, Ostpreußen geboren. Johann Gottfried Herder gehörte neben Goethe, Schiller und Wieland zu den bedeutendsten Weimarer Klassikern. Er war Theologe, Philosoph, Pädagoge und Polemiker. Im Jahre 1797 erschienen Herders „Bilder und Träume" die Christian Gottlob Neefe 1798 vertont hatte. Es war Neefes letztes großes Vokalwerk und zählt neben den Klopstockschen Textvertonungen, zu den bedeutendsten Kompositionen Neefes zum Thema des deutschen Kunstliedes.

1745

Der Schneider Johann Gottlieb Neefe heiratet am 20.September Johanna Rosina Weyrauch in Chemnitz.

Karolin Schulze-Kummerfeld, bekannte deutsche Schauspielerin wird am 30.September in Wien geboren. Nach dem Verlust der Festanstellung der Eltern in Wien, zog sie mit den Eltern über München, Erlangen und Fürth, wo der Vater eine Schauspieltruppe gründete, aber aufgrund mangelnden Erfolgs, die Truppe wieder aufgelöst wurde, und wo die Eltern wieder Engagements bei anderen Theatertruppen annahmen. Hier Karoline zunächst als jungendliche Liebhaberin mit den Eltern durch Deutschland und die Schweiz tourte. Erst durch ihre tragischen Rollen gelangte Karolin zu Bühnenruhm, wo man eine Konkurrentin in ihr sah neben der berühmten Schauspielerin Hensel. Am 24.Februar 1768 heiratete sie den Bankangestellten Kummerfeld aus Hamburg und trat kurze Zeit von der Bühne ab. Erst nach dessen Tod (1777) agierte die Kummerfeld wieder auf der Bühne, und das mit Erfolg unter der Leitung des Direktors Joseph Bellomo in Weimar. Wo am 15.April 1815 Schulze-Kummerfeld nach ihrer erfolgreichen Bühnenkarriere verstarb.

1746

Beethovens Mutter, Maria Magdalena Keverich wird am 19.Dezember geboren.

Das erste Kind Christian Gottlieb Neefe wird am 18.Februar geboren. Verstarb aber bereits am 24.April 1748, wenige Wochen nach Christian Gottlob Geburt am 5.Februar 1748.

Gustav Friedrich Wilhelm Großmann, Schauspieler, Schriftsteller, Regisseur und Theaterleiter wird am 30.November in Berlin geboren.

Graf Heinrich von Brühl wird Premiereminister in Sachsen (bis 1763)

1747
Gottfried August Bürger wird am 31.Dezember in Molmerswende (heutiges Mansfeld) geboren. Bekannt durch die lustigen Abenteuer des Freiherrn von Münchhausen, zählte er zu den deutschen Dichtern der Aufklärung und der Sturm und Drangperiode. Bürger schrieb zahlreiche Lyrik, Balladen und Erzählungen und war dreimal verheiratet. Walter Scott übersetzte Bürgers zahlreiche Balladen ins Englische. So wie er die Abenteuer des Freiherrn von Münchhausen beschreibt so abenteuerlich war auch sein Leben. Bürger verstarb trotz seines literarischen Erfolgs in Armut am 8.Juni 1794 in Göttingen.

1748
Christian Gottlob Neefe, der Sohn eines Schneiders wird am 5.Februar in Chemnitz geboren.
Ludwig Christoph Heinrich Hölty, volkstümlicher Dichter, wird am 31.Dez. in Mariensee/Neustadt am Rübenberge geboren.

1749
Johann Wolfgang von Goethe wird am 28.August in Frankfurt am Main geboren.

1750
Der italienisch - österreichische Komponist der Klassik, Kapellmeister und Musikpädagoge Antonio Salieri wird am 18.August in Legnano, Republik Venedig geboren.
Johann Sebastian Bach verstirbt am 28.Juli in Leipzig und wird drei Tage später auf dem Johannisfriedhof beigesetzt.

1751
Neefes spätere Frau, Susanne Maria Zink wird als Tochter des Jeremias Zink und dessen Eheweib Martha Catharina, geb. Treysen, am 3.März in Warza bei Gotha getauft. In Anwesenheit der Taufpatin Anna Maria, der Schwester von Martha Catharina (geb. Treysen), verheiratet mit Hans Nicol Zink. Susanne Maria wuchs bereits im Kindesalter als Pflegetochter im Hause des bekannten Hofkapellmeisters und Komponisten Georg Anton Benda auf.

Maria Anna auch Nannerl genannt, die Schwester Wolfgang Amadeus Mozart wird am 30.Juli in Salzburg geboren. Sie war eine österreichische Pianistin, und Wolfgang schätzte ihr literarisches und musikalisches Urteil.

1752
Karolina Sophia Augusta Großmann, wird um halb Ein Uhr zwischen dem 24. und 25.Dezember zu Gotha geboren. Ihr Vater ist Johann Christian Hartmann, Herzoglich Sachsen - Gotha'scher Ober - Polizeikommisarius. Aus fünfzehn Kindern ist sie das Mittelste. Mit 13.Jahren wurde sie bereits verheiratet mit dem geheimen Registrator Flittner zu Gotha. Mit 17. Jahren

wurde sie schon Witwe mit zwei zurückgelassenen Kindern. Wobei der Knabe drei Tage nach dem Tode des Vaters verstarb. Die ältere, ein Mädchen, unter dem Namen Friederike Flittner, später nach der Verehelichung (nach sechsjähriger Witwenschaft) ihrer Mutter mit Gustav Friedrich Wilhelm Großmann, Friederike als eine beliebte Sängerin und Schauspielerin bei dem kurfürstlichen Hoftheater zu Bonn, unter dem Namen Großmann bekannt wurde.
Georg Joachim Göschen, Buchhändler, Verleger, Drucker wird am 22.April in Bremen geboren. Er gründete 1785 die G. J. Göschen'sche Verlagshandlung in Leipzig, die durch Gesamt - und Einzelausgaben etwas von Klopstock, Wieland, Goethe und Iffland berühmt wurde. Göschen verstirbt am 5.April 1828 in Grimma.

Freiherr Adolf Franz Friedrich Ludwig Knigge, deutscher Schriftsteller und Aufklärer, der insbesondere für sein Werk „Über den Umgang mit Menschen" (1788) bekannt wurde, wird am 16.Oktober in Bredenbeck geboren.

1753
Karl Wilhelm Ferdinand Unzelmann wird am 1.Juni in Braunschweig geboren. Er zählte zu bedeutendsten Schauspielern, Regisseuren und Sängern, aber auch Tänzer seiner Zeit. Unter August Wilhelm Ifflands Leitung gehörte er zu den wichtigsten Schauspielern am Nationaltheater, wo er eine Höchstgage von 1560 Reichstalern erhielt. In den Jahren 1785 - 1803 war er mit der Schauspielerin und Sängerin Friederike Flittner, die Tochter von Karolina Sophie Augusta Großmann, verheiratet. Auch unter dem Namen Friederike Bethmann - Unzelmann bekannt, feierte sie große Erfolge in Hamburg, Leipzig, Wien und Berlin. Im Alter von 55.Jahren verstarb sie unerwartet am 16.August 1815 in Berlin wo Bethmann - Unzelmann auf dem Friedhof II der Jerusalems - und neuen Kirche in Berlin - Kreuzberg im Familiengrab beigesetzt wurde.

1754
Johann David Beil, deutscher Schauspieler und Bühnendichter wird am 11.Mai in Chemnitz geboren. Er studierte zunächst Jura an der Universität

Leipzig. Entschied sich dann aber für das Theater, wo er sich in Naumburg 1775 einer fahrenden Schauspieltruppe anschloss, und danach zwei Jahre später eine Anstellung am Hof zu Gotha bekam. Beil hatte insbesondere in komischen Charakterrollen geglänzt, wo in Mannheim sein Talent ebenso für tragische Rollen entdeckt wurde. Beil verstarb am 12.August 1794 in Mannheim.

1755
Christian Friedrich Samuel Hahnemann der Begründer der Homöopathie, Arzt, medizinischer Schriftsteller und Übersetzer, wird am 10.April in Meißen geboren.

1756

Wolfgang Amadeus Mozart wird am 27.Januar in Salzburg geboren.

Beginn des Siebenjährigen Krieges zwischen Preußen und Österreich, wo Kursachsen unter preußischer Herrschaft gerät. Friedrich August II. gibt das Land den Zerstörungen preis. Mit dem Friedensschluss von Hubertusburg (1763) verliert Sachsen das Anrecht auf die polnische Krone.

1759

Friedrich Schiller wird am 10.November in Marbach am Neckar geboren.

Georg Friedrich Händel verstirbt am Morgen des 14.April, an einem Karsamstag, im Alter von 74 Jahren in seiner Wohnung Brook Street Nr.57 in London. Er hinterließ - nach heutiger Umrechnung - zwei bis sechs Millionen Euro, angelegt in Wertpapieren.

August Wilhelm Iffland, deutscher Schauspieler, Dramatiker und Intendant wird am 19.April in Hannover geboren. Nach ihm wurde der testamentarisch weitergereichte Iffland - Ring für den „bedeutendsten deutschen Schauspieler" benannt.

1760

Christian Gottlob Neefe besucht ab Mai das Lyceum in Chemnitz, und kommt als zwölfjähriger Chorknabe an die Stadtkirche St.Jacobi und erhält dort seinen ersten musikalischen Unterricht durch den Organisten Johann Friedrich Wilhelmi.

1761

Andreas Streicher, Freund von Friedrich Schiller wird am 13.Dezember in Stuttgart geboren. Als deutscher - österreichischer Pianist, Komponist und speziell als Klavierbauer, war er unter anderem Gründer *der Gesellschaft der Musikfreunde* in Wien. Er und seine Frau Nannette Streicher waren die engsten Vertrauten in den letzten Jahren von Beethoven, wo sich unter anderem Nannette auch um dem Haushalt des deutschen Genius kümmerte, der am 26.März 1827 im Schwarzspanierhaus in Wien um 17:45 Uhr verstarb.

1762

Maria Constanze Caecilia Josepha Johanna Aloisia Mozart geborene Weber, wird am 5.Februar in Zell im Wiesental (Baden Württemberg) geboren. Sie war eine österreichische Sopranistin und Nachlassverwalterin der Werke ihres Mannes Wolfgang Amadeus Mozart, und eine Cousine von Carl Maria von Weber.

Karl Stülpner, Soldat, Wilderer und Lebenskünstler, dessen Figur zu einer Legende wurde, wo neben Romane und Erzählungen, sein Leben verfilmt, und zu einem volkstümlichen Theaterstück verarbeitet wurde, wird am 30.September in Scharfenstein(Erzgebirge) geboren. In seiner Region gilt er heute noch als Volksheld und wird als *sächsischer Robin Hood* bezeichnet. Im Museum auf der Burg Scharfenstein wurde ihm eine Dauerausstellung gewidmet.

Der deutsche Philosoph und Erzieher Johann Gottlieb Fichte wird am 19.Mai in Rammenau, Landkreis Bautzen geboren. Er galt neben Georg Wilhelm Friedrich Hegel als wichtiger Vertreter des deutschen Realismus.

1765
Christiane Vulpius, spätere Ehefrau von Goethe wird am 1.Juni in Weimar geboren.

1767
Christian Gottlob Neefe begibt sich nach Leipzig mit der Absicht, unter dem „Rektorate des so genannten apokalyptischen Doktor Crusius" ein Bürger der Akademie zu werden. Doch erst Ostern 1769 bezog er endgültig „mit schwacher Gesundheit und noch schwächeren Geldbeutel die Universität". Wo ihm nach mehreren Ansuchen ein Stipendium für ein Jusstudium gewährleistet wurde. Freundschaft mit Johann Adam Hiller.

Johann van Beethoven, Tenorist heiratet Maria Magdalena Keverich

1769
Napoleon Bonaparte, späterer Kaiser Napoleon I. wird am 15.August in Ajaccio auf Korsika geboren.

1770
Ludwig van Beethoven wird in der Nacht zwischen Sonntag(16.) und Montag (17.) geboren, und am 17.Dezember in der St. Remigiuskirche zu Bonn getauft.

Friedrich Hölderlin wird am 20.März in Lauffen am Neckar geboren. Er zählte zu den bedeutendsten deutschen Lyrikern und verstarb mit 73.Jahren am 7.Juni 1843 in Tübingen.

1771
Johann Adam Hillers „Der Dorfbarbier" wird in Leipzig uraufgeführt. Wovon 10 Arien von Ch. G. Neefe komponiert.
Im Frühjahr Neefes Abschluss des rechtswissenschaftlichen Studiums in Leipzig.

1772
Friedrich Leopold Frhr. Von Hardenberg, unter dem Namen Novalis bekannt, wird am 2.Mai aus Schloss Oberwiederstedt/Harz geboren.
Friedrich Arnold Brockhaus wird am 4.Mai in Dortmund geboren. 1814 gründete er mit „F. A. Brockhaus" eines der ältesten heute noch existierenden Verlage in Europa. Die Enzyklopädie „Brockhaus" ist das bedeutendste Nachschlagewerk deutscher Sprache.
Neefes komische Operette „Amors Guckkasten" wird in Leipzig verlegt
Uraufführung der Komischen Oper „Die Einsprüche" am 16.Oktober in Leipzig.

1773
Der Großvater und Kapellmeister Louis van Beethoven stirbt am 27.Dezember.
Johann Ludwig Tieck, deutscher Dichter, Schriftsteller, Übersetzter und Herausgeber der Romantik, wird am 31.Mai in Berlin geboren. Er war während seiner Dresdner Zeit (1918 - 1841) als Dramaturg des Hoftheaters tätig, und bediente sich während seines Aufenthalts in Dresden neben seinen anderen dichterischen Werken, ausschließlich der Form der Novelle.

1774
Kaspar Anton Karl von Beethoven wird am 8.April getauft. Der spätere und jahrzehntelange Freund Beethovens Stephan von Breuning wird am 17.August in Bonn geboren.
Neefes sechs Klaviersonaten, die dem verstorbenen preußischen Königlichen Kammerkomponisten Agrikola gewidmet, werden in Leipzig veröffentlicht. Ebenso die Freimaurer Lieder, unter dem Pseudonym Fenee.

1775
Maria Josepha van Beethoven, Gattin des Kapellmeisters Louis van Beethoven stirbt am 30.September

1776
Christian Gottlob Neefe reist im Juni nach Dresden um sich der Schauspieler - Gesellschaft Abel Seyler anzuschließen.
Freundschaft mit der Tochter Charlotte Kunigunde des Bürgermeisters Wendt. Ihr widmet er am 28.Februar die gedruckten „Lieder mit Klaviermusik“. Neefes „Heinrich und Lyda“ Drama in einem Akt, wird am 26.März in Berlin uraufgeführt. Zwölf Klopstocksche Oden entstehen, gewidmet Betty von Alvensleben, gedruckt Flensburg (Kortensche Buchhandlung). Neefes Komische Oper „Zemire und Azor“ wird am 5.März in Leipzig uraufgeführt.

1777
Heinrich von Kleist, deutscher Dramatiker, Lyriker und Publizist („Amphitryon 1807, „Das Erbeben in Chili“ 1807, „Marquise von O...1808, „Michael Kohlhass“ 1810 „Der zerbrochene Krug“ 1811,) wird am 18.Oktober in Frankfurt an der Oder (Mark Brandenburg) geboren. Er verstarb bereits mit 34.Jahren am 21.Nov. 1811 in Berlin/Wannsee.
Neefes Singspiel „Die Zigeuner“ wird im November in Frankfurt am Main uraufgeführt.
Susanne Maria Zink wird auf Wunsch aus der Seylerschen Theatertruppe am 15.08. entlassen.

1778
Neefe heiratet am 3.März Susanne Maria Zink in Frankfurt am Main.
Erstes öffentliches Auftreten des „sechsjährigen“ Ludwig van Beethoven am 26.März in Köln. Unterricht bei van den Eeden.

Neefes Singspiel in 4 Akten „Was vermag ein Mädchen nicht?“ wird am 18.Mai in Frankfurt am Main uraufgeführt. Sein Monodrama „Sophonisbe“ wird am 3. Nov. in Mannheim uraufgeführt, gewidmet der Erbprinzessin von Hessen - Darmstadt.

1779
Der junge Beethoven erhält weiteren Unterricht bei Tobias Pfeiffer (Klavier und Komposition).

Gottlob Neefe kommt im Oktober mit seiner Familie nach Bonn. Er bekommt nach der Auflösung der Seylerschen Schauspielgesellschaft, noch im selbigen Monat zunächst aber ohne Vertrag, eine Anstellung als Musikdirektor an die Großmann Hellmut'sche Bühne zu Bonn, wo auch seine Frau für Mutterrollen engagiert wird.
Vermutlich Juni/Juli wird die 1.Tochter Louise Neefe in Offenbach geboren.

1780
Maria Theresia verstirbt an den Folgen einer Lungenentzündung am 29.November in der Hofburg Wien.
Der junge Beethoven erhält in Violine und Bratsche Unterricht bei Franz Georg Rovantini. Weiterer Unterricht bei Willibald Koch, Franziskaner (Orgel)? Sporadisch beginnender Unterricht bei Christian Gottlob Neefe.
Neefes „Adelheit von Veltheim“ Schauspiel mit Gesang in 4.Akten, wird am 23.Sept. in Frankfurt am Main, Junghof uraufgeführt.

1781
Beethoven reist mit der Mutter zu Schiff nach Rotterdam.

Am 26.Januar wird Carl Joachim Friedrich Ludwig von Arnim in Berlin geboren. Er zählt zu den bedeutendsten deutschen Schriftstellern und Lyrikern, der Heidelberger Romantik seiner Zeit. Er heiratet 1811 Bettina Brentano, diese Ehe aber eher als Zweckgemeinschaft diente, um an das Immobilien - Erbe (Gut Wiepersdorf in Mark Brandenburg) der Großmutter Bettinas, Sophie von La Roche, zu kommen. Wo Achim von Arnim mit 49.Jahren verstarb und dort in dem Schlosshof beigesetzt wurde.

Joseph Karl Stieler, bekannter Maler und Beethovenporträtist, wird am wird am 1.November in Mainz geboren. Von 1820 - 1850 war er Hofmaler des bayerischen Königs und zählte zu den bekanntesten Porträtmalern seiner Zeit. Er porträtierte unter anderem auch Goethe, Alexander von Humboldt und Johann Ludwig Tieck.

1782
Neefe reist am 20. Juni mit dem kurfürstlichen Hofhalt nach Münster. Beethoven vertritt ihn an der Orgel.

Die zweite Tochter Felice (Felicitas) wird in Bonn geboren.

1783
In Cramers „Magazin der Musik" erscheint am 2.März Neefes Notiz über den dreizehnjährigen Beethoven. Beethoven vertritt Neefe als Cembalist im Orchester.

1784
Beethoven reicht am 15.Februar das Gesuch um Anstellung als Adjunkt des Hoforganisten ein. Am 15.April stirbt Kurfürst Max Friedrich. Maximilian Franz, geb.8.Dez. 1756 als jüngster Sohn der Kaiserin Maria Theresia, wird sein Nachfolger. Am 25. Juni Erlass der neuen Besoldungsliste, in der Beethoven als Organist mit 150 Gulden Jahresgehalt verzeichnet ist.

1785
Bettina von Arnim, geborene Brentano, die durch die Bekanntschaft mit Goethe und Beethoven, und als Schriftstellerin der Romantik berühmt wurde, wird am 4.April in Frankfurt am Main geboren. Sie verstarb mit 73.Jahren am 20.Januar 1859 in Berlin.

1786
Vater Johann Gottlieb Neefe verstirbt als „Bürger und Schneider, auch des Handwerks Obermeister" am 30.Juni in Chemnitz

Carl Maria von Weber wird am 18.November in Eutin/Holstein geboren. Er galt als Komponist und Schöpfer der deutschen Romantik. Sein berühmtestes Werk die Oper „Der Freischütz". Mit 13.Jahren gibt er bereits sein erstes öffentliches Konzert, und verweilt wegen weiteren musikalischen Studien in München und Wien, wo danach er mit 18.Jahren 1804 als Dirigent an der Breslauer Oper beginnt. 1817 wurde Weber Königlicher Kapellmeister an der Oper in Dresden. Hier war sein dauerhaftestes Wirkungsfeld, wo er als einen National - Komponisten der Deutschen gefeiert wird, weil Weber außerdem den Nerv der Zeit entsprach. 1826 reiste Weber, gesundheitlich schon sehr geschwächt, zur Uraufführung seiner Oper „Oberon" nach London, wo er am 5.Juni 1826 an einer Lungentuberkulose, an der er schon seit Jahren gelitten hatte, verstarb.

1787
Beethoven reist im Frühjahr nach Wien, kehrt Anfang Juli wegen familiärer Angelegenheiten wieder nach Bonn zurück, wo seine Mutter am 17. Juli an Schwindsucht stirbt.
Die 3.Tochter Margarete Neefe, auch Gretchen genannt, wird in Bonn geboren. Sie heiratet am 21.April 1807 den berühmten Schauspieler Ludwig Devrient. Verstirbt aber bereits 1.Jahr darauf mit knapp 21.Jahren an Kindbettfieber.

1788
Am 17.Juli wird Ferdinand Ernst Gabriel Graf Waldstein (geb. 24. März 1762, gest. 29. August 1823) feierlich in Bonn in den deutschen Orden aufgenommen.

Arthur Schopenhauer, deutscher Philosoph, Autor und Hochschullehrer wird am 22.Februar in Danzig geboren.

1789
Auf Beethovens Petition ordnet der Kurfürst am 20.November an, dass die Hälfte des väterlichen Gehalts in Höhe von 100 Talern in Zukunft an Ludwig van Beethoven zur Erziehung der jüngeren Brüder ausbezahlt wird und der Vater somit Bonn verlassen soll. Beethoven ist als Bratschist am Theater tätig.

1790
Kaiser Joseph II. von Österreich stirbt am 20.Februar. Beethoven komponiert eine Trauerkantate und eine zweite Kantate zur Krönung Leopolds II. Am 25. Dezember reist Joseph Haydn nach London mit einem kurzen Aufenthalt in Bonn.
Der Sohn Herrmann Joseph Neefe wird am 3.September in Ganghoff/Bonn getauft. Er studierte an der Akademie der bildenden Künste in Wien und ließ sich als Hofmaler ausbilden. Neben Aufträge am Theater an der Wien, arbeitete er 1827 als Theatermaler am Braunschweiger Hof. Nach Stationen in Mannheim, München und Pest, ging Neefe 1832 wieder nach Wien zurück, wo er unter der Direktion Johann August Stöger am Josefstädter Theater beschäftigt war.

1791
Wolfgang Amadeus Mozart verstirbt mit 35.Jahren am 5.Dezember in Wien

Carl Theodor Körner, Dichter und Freiheitskämpfer wird am 23.September in Dresden geboren. Körner wurde durch seine Lieder im Freiheitskampf gegen die napoleonische Fremdherrschaft berühmt. Nachdem er als „Sänger und Held" durch eine Pistolenkugel am 26.August 1813 auf der Straße von Gadebusch nach Schwerin, mit 22.Jahren den „Heldentod" stirbt, so wird er heute noch als patriotische Identifikationsfigur gefeiert. Körner verfasste Lustspiele und Dramen, die so erfolgreich waren, sodass diese am Burgtheater in Wien aufgeführt wurden, wo er noch Monate vor seinem Tod im Januar 1813 als Dichter am Burgtheater unter Vertrag kam.

1792
Im Juli kommt Haydn auf der Rückreise von London nach Wien durch Bonn, wo eine erste Begegnung mit Beethoven stattfinden und wo Haydn die Kantaten des jungen Komponisten kennenlernt. Er lädt ihn nach Wien ein um ihn einen weiteren Unterricht in Komposition zu erteilen. Am 2. oder 3.November reist Beethoven von Bonn ab. Er trifft am 10.November in Wien ein und bezieht bei Strauß in der Alservorstadt eine kleine Dachstube.
Johann Peter Eckermann, deutscher Dichter, Schriftsteller und enger Vertrauter Goethes, wird am 21.September in Winsen an der Luhe geboren. Am 3.September 1854 verstirbt er völlig verarmt in Weimar.
Frankreich erklärt Österreich den Krieg (Erster Koalitionskrieg).

1793
Beethoven nimmt Unterricht bei Haydn bis Ende 1793

1794
Am 7.Oktober wird Wilhelm Müller in Dessau geboren. Er war ein deutscher Dichter, der u. a. die von Franz Schubert vertonten Liederzyklen „Die schöne Müllerin" und „Winterreise" mit den bekannten Volksliedern „Das Wandern ist des Müllers Lust" und „Am Brunnen vor dem Tore" schuf. Er verstarb mit 32. Jahren am 1.Oktober 1827 in Dessau.
Beethovens Unterricht bei Johann Georg Albrechtsberger im Januar.

1795
Der Kapellmeister, Komponist und Pflegevater von Susanne Maria Zink, Georg Anton Benda verstirbt am 6.November im Alter von 73.Jahren in Köstritz/ im thüringischen Landkreis Greiz, nördlich von Gera.
Beethovens Heiratsantrag (29.März) an die Sängerin Magdalena Willmann, der aber von ihr zurückgewiesen wird.

Anton Felix Schindler wird als Sohn eines Lehrers, am 13.Juni in Meedl, in einem Dorf in der Nähe von Mährisch - Neustadt, Kreis Ölmütz geboren. Nach einem Jurastudium welches er ohne Examen abgeschlossen hatte, entschied er sich für eine künstlerische Laufbahn, wo er nach einer musikalischen Ausbildung zunächst die Stelle als Violinist und Orchesterdirektor im Theater an der Josefstadt antrat, und in derselben Funktion 1825 am Kärntnertortheater überwechselte. Bekannt wurde er als Adlatus Beethovens, wo er sich in den letzten Jahren um die bürokratischen und geschäftlichen Angelegenheiten des Komponisten kümmerte.

1796
Adolf Knigge verstirbt am 6.Mai im Alter von 43.Jahren in Bremen. Knigges Beziehung zum Theater, als auch die Bekanntschaft mit Gustav Friedrich Wilhelm Großmann waren ebenso von Bedeutung, als auch seine Erzählungen, komischen Zeitromane und übersetzte Bühnenstücke die er bei Gelegenheit verfasste. Außerdem auch durch seine Theaterschriften und Rezensionen bekannt wurde.

Carl Joseph Meyer, deutscher Verleger und Gründer des „Bibliografischen Instituts" (1826) und Herausgeber der bedeutendsten Lexika des 19.Jahrhunderts, wird am 9.Mai in Gotha geboren.

1797
Der berühmte österreichische Komponist Franz Peter Schubert wird am 31.Januar in Wien geboren.

Christian Johann Heinrich Heine, bedeutendster deutscher Dichter, Schriftsteller und Literaturkritiker des 19.Jahrhunderts, wird am 13.Dezember in Düsseldorf im Herzogtum Berg geboren.

1798
Der Pianist, Dirigent, Korrepetitor, Arrangeur und Komponist, als auch Beethovens Lehrer Christian Gottlob Neefe verstirbt in Armut am 26.Januar an einen Brustkatarrh in Dessau

Carl Blechen, deutscher Maler der Romantik wird am 29.Juli in Cottbus geboren. Berühmt wurde er als Landschaftsmaler wo eines seiner bekanntesten Werke wie „Bau der Teufelsbrücke" zu den Bedeutendsten in seiner gesamten Schaffensperiode zählt.
Joseph Haydns „Die Schöpfung" gelangt zur Uraufführung.
Beginn der Koalitionskriege gegen Frankreich

1800
Ludwig Alois Ferdinand Ritter von Köchel, wird am 14.Januar in Stein/b. Krems/Niederösterreich geboren. Als Jurist, Musikwissenschaftler, Autor und Naturforscher tätig, wurde Köchel durch das nach ihm benannte „Köchelverzeichnis" des gesamten Mozartschen Werksverzeichnisses bekannt.
Beethoven dirigiert im Burgtheater seine 1.Sinfonie
Die Schauspielerin Felice, Tochter des Komponisten Neefe, heiratet am 25. September den kurfürstlichen Hofschauspieler Anton Roesner in der katholischen Kirche zu Dessau.

1801
Ludwig Bechstein, deutscher Schriftsteller, Bibliothekar, Sammler zahlreicher bekannter deutscher Märchen (u. a. „Aschenbrödel", „Der kleine Däumling", „Das Märchen vom Schlaraffenland"), die er im deutschen Märchenbuch 1845 herausgab, wird am 24.November in Weimar geboren.
Johann Nestroy auch als der „österreichische Shakespeare" bekannt, gefeierter Volksschauspieler, Bühnenautor und Theaterleiter, der mit über 80 Bühnenstücken zu eines der populärsten Vertreter des Wiener Volkstheaters zählte, wird am 7.Dezember in Wien geboren.

1802
Karl Simrock, Literaturwissenschaftler, Dichter und Übersetzer, wird als 13.Kind des Musikverlegers Nikolaus Simrock, der mit Ludwig van Beethoven befreundet war, am 28.August in Bonn geboren. 1827 erscheint seine Übersetzung des Nibelungenliedes ins Neuhochdeutsche. Des Weiteren war er der Herausgeber der Gedichte„Walther von der Vogelweide". Zu seinen Bekannten zählen Ludwig Uhland, die Gebrüder Grimm und Ferdinand Freiligrath.

Beethoven schreibt am 6. und 10.Oktober das „Heiligenstädter Testament"
Carl Maria von Weber wird Schüler von Abbé Vogler
Die Schauspielerin Louise Friederike, Tochter des Komponisten Neefe, heiratet am 3.Mai den kurfürstlichen Schauspieler Joseph Karl Aue in der katholischen Kirche zu Dessau.

1803
Die Mutter Christian Gottlob Neefes verstirbt am 16.April in Chemnitz.

Gottfried Semper, bedeutender deutscher Architekt und Kunsttheoretiker, Erbauer der Dresdner Semperoper, wird am 29.November in Hamburg geboren.
Beethovens „Christus am Ölberg" und die 2.Sinfonie in c-moll, als auch die 1.Sinfonie werden am 5.April im Theater an der Wien uraufgeführt. Einnahmen 1800 Gulden.

1804
Napoleon Bonaparte, der aufgrund einer Volksabstimmung und durch den Senat die Kaiserwürde angetragen wird, krönt sich am 2.Dezember in der Kathedrale Notre Dame de Paris, während der Zeremonie in Anwesenheit von Pius VII. selbst zum Kaiser.
Johann Baptist Strauss (Vater), österreichischer Komponist und Kapellmeister, berühmtestes Werk der „Radetzkymarsch" 1848 wird am 14.März in Leopoldstadt, heutiges Wien geboren.
Eduard Friedrich Phillip Mörike, bekannter deutscher Dichter und Schriftsteller, „Mozart auf der Reise nach Prag" (1855), wird am 8.September in Ludwigsburg im Herzogtum Württemberg geboren.
Napoleons Kaiserproklamation am 20.Mai

1805
Adalbert Stifter, bedeutender österreichischer Schriftsteller, Maler und Pädagoge, wird am 23.Oktober in Oberlan in Böhmen (heutiges Tschechien) geboren.
Beethovens private Aufführung der Eroica durch die Kapelle des Fürsten Lobkowitz in Anwesenheit des Prinzen Louis Ferdinand von Preußen.
Die Franzosen besetzen Wien.
Beethovens Eroica wird im Januar? in einem der Privatkonzerte der Bankiers Würth und Fellner unter Leitung des Geigers Franz Clement aufgeführt.
Friedrich Schiller verstirbt am 9.Mai an einer akuten Lungenentzündung in Weimar.

1806
Henriette Sontag, berühmte Opernsängerin ihrer Zeit, die auch die Sopranstimme in Beethovens Uraufführung der 9.Sinfonie sang, wird am 3.Januar in Koblenz geboren. Mit 17. Jahren sang sie bereits die Titelrolle in Carl Maria von Webers Oper „Euryanthe" und feierte wahre Triumphe in Berlin und Paris. Während einer weiteren Gastspielreise durch Mexiko stirbt die Prima Donna Assoluta 1854 an der Cholera.

1807
Anton Philipp Reclam wird als Sohn des Buchhändlers Carl Heinrich Reclam am 28.Juni in Leipzig geboren. Durch Niedrigstpreise und hohen Auflagen um Bildung einer breiteren Bevölkerungsschicht zu verschaffen, ging Reclam mit der „Universal Bibliothek" aufgrund seines ausgezeichneten Konzepts in

die Verlags- Geschichte ein. Bis in die Gegenwart ist Reclam mit seinen 3.470 Buchreihen, das am längsten bestehende Verlagshaus in Deutschland.
Die Schauspielerin Margarete, Tochter des Komponisten Neefe, heiratet am 21.April den später berühmten Schauspieler Ludwig Devrient, der zunächst unter Bossann unter dem Namen „Herzberg“ auftrat, in der katholischen Kirche zu Dessau.

1808
Beethovens 5. und 6. (Pastorale) Sinfonie kommen am 22.Dezember zur Erstaufführung. Im Rahmen dieses Konzerts am Theater an der Wien, werden außerdem aufgeführt die Chorfantasie, das Gloria und Sanctus aus der C-dur Messe und das Klavierkonzert in G-dur, freie Fantasie am Klavier, Szene „Ah perfido“.
Franz Schubert wird am 30.September als Hofsängerknabe im k. k. Konvikt am Universitätsplatz Nr.796 aufgenommen.

1809
Felix Mendelsohn Bartholdy wird am 3.Februar in Hamburg geboren. Nach musikalischer Ausbildung und seinen Wanderjahren in England, Schottland, Italien und der Schweiz, wo er zahlreiche Konzerte gibt, bekommt er seine erste feste Anstellung 1833 als Generalmusikdirektor in Düsseldorf. Wird nach 26.Jahren nach Leipzig berufen, wo er durch die Gründung der ersten Musikschule in Deutschland, und als Dirigent und Komponist das Gewandhaus - Orchester zu wahren Weltruhm führt, und der Nachwelt 400 Werke hinterließ. Am 4.November 1847 verstirbt Bartholdy an Folge zwei vorangegangener Schlaganfälle in Leipzig. Er wird im Familiengrab in Berlin - Kreuzberg beigesetzt.

1810
Robert Schuhmann wird als sechstes und letztes Kind, wohlhabender Eltern, am 8.Juni in Zwickau geboren. Er zählt als deutscher Pianist und Komponist zu den bedeutendsten Musikern der deutschen Hochromantik.
Er komponierte 600 Werke, wobei besonders seine Klavierkompositionen als ein wichtiges Oeuvre deutscher und europäischer Musikgeschichte gelten.

Beethovens erste Begegnung im Mai mit Bettina Brentano. Ende des Jahres wird sein Klavierkonzert in Es-Dur im Leipziger Gewandhaus erstaufgeführt.
Beethovens erste Begegnung mit Goethe zwischen den 19.-23.Juli in Teplitz.

Fürst Ferdinand Kinsky, der Förderer Beethoven verstirbt am 2.November durch einen Reitunfall in Prag.

1811
Franz Liszt wird am 22.Oktober in Raiding/Doborján, Königreich Ungarn, Kaisertum Österreich geboren.

1812
Schubert beginnt seinen Unterricht bei Antonio Salieri

1813
Richard Wagner wird als Sohn eines Polizeibeamten am 22.Mai in Leipzig geboren. Die Mutter, Johanna Rosina Pätz (Beetz) hat neun Kinder, wovon ein Sohn bereits gestorben, groß zu ziehen. Als Kriegsfolge ist Leipzig von einer schweren Typhusepidemie betroffen, dem am 23.November der Vater Wilhelm Wagner zum Opfer fällt. Die Sorgen um die Erziehung ihrer acht Kinder hat nun die Witwe Wagner allein zu tragen.
Carl Theodor Körner verstirbt am 26.August im Forst Rosenow bei Lützow

1814
August Wilhelm Iffland verstirbt mit am 22.September mit 55.Jahren in Berlin.
Die Familie Wagner zieht nach Dresden. Am 28.August heiratet Johanna Wagner den bekannten Maler, Bühnenautor und Charakterdarsteller Ludwig Geyer, ein Freund der Familie, der am Dresdner Hoftheater im Dienste steht.

1815
Johann Gottfried Piefke, Militärmusiker, Kapellmeister und Komponist, der zahlreiche deutsche Märsche komponierte, wird am 9.September in Schwerin an der Warthe (heute Skwierzyna) in Posen geboren.
Erstaufführung am 11.Oktober des Fidelio in Berlin.
Beethovens Bruder Karl stirbt am 15.November in Wien

1816
Beethoven übernimmt „mittels Handschlags“ die Vormundschaft über den Neffen Karl Ernst Keil, Buchhändler, Verleger und Begründer der Familienzeitschrift „Die Gartenlaube“ wird am 6.Dezember in Langensalza geboren. Er war ein Vorreiter der allgemeinen Pressefreiheit und verbüßte wegen seiner sozialen - kritischen Themen eine neunmonatige Gefängnisstrafe. Keil verstarb am 23.März 1878 in Leipzig.

1817
Hans Theodor Storm, deutscher Schriftsteller und Lyriker des Realismus wird am 14.September in Husum geboren.

1818
Franz Xaver Grubers „Stille Nacht, Heilige Nacht...“ für Gitarre, zwei Solostimmen und Chor wird nach der Christmette in der St. Nikolauskirche in Oberndorf uraufgeführt, welches heute zu eines der bekanntesten weltweiten Weihnachtslieder zählt.

1819
Clara Josephine Schuhmann, berühmte Pianistin und Komponistin der Romantik, wird am 13.September in Leipzig geboren.

1820
Richard Wagner wird im Herbst zu dem Pastor Wetzel nach Possendorf bei Dresden in Obhut gegeben, der den Jungen in die Geheimnisse des Lesens

und Schreibens einführt. Als Fibel dient ihm eine Mozartbiografie und Zeitung mit Berichten über den griechischen Freiheitskrieg

1821
Beethoven wird wegen seines zerlumpten Aussehens im Herbst als Landstreicher arretiert und in Polizeigewahrsam genommen.
Fjodor Dostojewski, einer der bedeutendsten russischen Schriftsteller wird am 11.November in Moskau geboren. Er lebte und wirkte in Dresden von 1862 - 1863.
Am 30.September stirbt Ludwig Geyer, der Pflegevater Wagners, im Alter von 21.Jahren.

1822
E.T.A. Hoffmann, Schriftsteller, Komponist, Musikkritiker, Zeichner und Jurist, verstirbt am 25.Juni im Alter von 46 Jahren in Berlin.
Der Leipziger Verleger Karl Friedrich Peters bittet Beethoven am 18.Mai, seine Kompositionen verlegen zu dürfen. Beethoven geht auf den Vorschlag ein, weil er sich von seinem langjährigen Verleger Steiner trennen möchte.
Eröffnung des Josefstädter Theaters am 3.Oktober mit Beethovens „Weihe des Hauses".
Anton Schindler wird (unbezahlter) Sekretär bei Beethoven.
Schubert arbeitet an der 8.Sinfonie in h-Moll.
Im Herbst meldet die Mutter Johanna Geyer ihren Sohn Richard an der bekannten Kreuzschule an. Im Dezember wird er unter dem Namen Wilhelm Richard Geyer in die Schulmatrikel eingetragen.

1823
Beethoven entzieht Schindler das Vertrauen und will ihn nicht mehr in seiner Nähe sehen.
Fidelio wird nach dreijähriger Pause mit Wilhelmine Schröder-Devrient im Kärntnertortheater wieder aufgeführt. In der Hauptprobe muss Beethoven wegen seines schlechten Gesundheitszustandes und einer totalen Harthörigkeit aufhören zu dirigieren.

Carl Maria von Weber besucht am 5.Oktober Beethoven in Baden b. Wien.

1824
Uraufführung der Missa Solemnis am 6.April in Petersburg auf Veranlassung des Fürsten Galitzin.
Konzert am 7.Mai im Kärntnertortheater; Ouvertüre Weihe des Hauses op.124, drei große Hymnen (aus der Missa solemnis) Sinfonie. Umlauf dirigiert. Die Sängerinnen Karoline Unger und Henriette Sontag übernehmen die Gesangspartien. Bruttoeinnahmen 2200 Gulden, nach Kostenabzug 420 Gulden.
Joseph Anton Bruckner, Komponist der Romantik, Musikpädagoge und Organist, wird am 4.September in Ansfelden/Oberösterreich geboren.

1825
Schubert komponiert die Sinfonie in C-Dur.
Johann Strauß Sohn, Johann Baptist Strauß, international geschätzt als „Walzerkönig" wird am 25.Oktober in St. Ulrich bei Wien geboren.
Beethoven bezieht im Oktober die Wohnung im Schwarzspanierhaus.

1826
Nach den schmählichen Misserfolgen der Gedichte und Dramen des 11.jährigen Wagners, wendet er sich nun mehr der Musik zu, und übt nun fleißiger Klavier unter der Anleitung eines Lehrers und versucht Noten zu kopieren.
Beethovens Gesundheitszustand verschlechtert sich zunehmend. Er klagt über Augenschmerzen, Gicht und schweren Rückenschmerzen.
Carl Maria von Weber verstirbt am 5.Juni im 40.Lebensjahr in London.
Karls Selbstmordversuch am 31.Juli auf der Ruine Rauenstein im Helenental.
Beethoven ist zutiefst erschüttert und tritt endgültig von der Vormundschaft zurück. An seiner Stelle tritt sein Jugendfreund Stephan von Breuning die Vormundschaft an.
Am 29.November, bereits schon sehr kränklich begibt sich Beethoven in Anwesenheit seines Neffen Karl nach Gneixendorf (Niederösterreich) zu seinen Bruder Johann. Nach einem heftigen Streit mit ihm und seiner Schwägerin, reist Beethoven mit Karl ab. Am 2.Dezember kommt er schwer krank in Wien an. Am 5.Dezember diagnostiziert Dr. Wawruch eine schwere Lungenentzündung. Am 20.Dezember erfolgt eine erste Operation.

1827
Karl reist nach Iglau am 2.Januar zum Regiment ab. Am 3.Januar setzt Beethoven in Anwesenheit seines Sekretärs und Adlatus Schindler ein Testament auf, und bestimmt seinen Neffen Karl als Universalerben. Am 8.Januar erfolgt, unter der Behandlung Malfatti die zweite Operation. Am 2. Februar erfolgt die 3.Operation. Besuche von Hummel und Hiller. Hummel besucht Beethoven am 23.März wiederholt, diesmal in Begleitung seiner Frau. Am 24.März Empfang der Sterbesakramente und letzte Unterschrift für Schott(Quartett op. 131).Gegen Abend fällt Beethoven in Agonie. Am 25.März treffen Schindler und Breuning die ersten Vorbereitungen.
Am 26.März stirbt Beethoven um 17:45 Uhr während eines schweren Gewitters. Nur Hüttenbrenner, Breuning und Schindler sind anwesend.
Der Maler Danhauser nimmt am 27.März die Totenmaske ab, und fertigt Ölskizzen sowie eine Zeichnung des Toten an. Dr. Johann Wagner obduziert den Leichnam und öffnet den Schädel, um die Ursache der Schwerhörigkeit zu finden.
Am 29.März nachmittags 15:00 Uhr beginnt das Leichenbegängnis. Zunächst Feier im Hof des Schwarzspanierhauses, dann in der Pfarrkirche in der Alserstraße. Von dort zum Währinger Friedhof, in Begleitung von 20 000 Personen die dem Leichenzug folgen. Darunter hochgestellte Persönlichkeiten des Wiener Adels, Künstler und Musiker begleiten den Sarg mit Fackeln, darunter Franz Schubert. Schauspieler Anschütz spricht die von

Grillparzer verfasste Grabrede. Am 4.Juni verstirbt sein jahrelanger und treuer Freund Stephan von Breuning.
Am 5.Nov. erfolgt die Versteigerung des Beethovenschen Nachlasses, welches einen Gesamtwert von 9885 Gulden, 13 Kreuzer Konventionsmünzen und 600 Gulden Wiener Währung entspricht.

1828
Franz Schubert erkrankt an Typhus, stirbt am 19.November in Wien/Wieden, früherer Alsergrund. Schubert wurde auf dem Währinger Friedhof in der Nähe von Ludwig van Beethovens Grab bestattet. Wo seine Gebeine, ebenso wie die von Beethoven 1888 auf den Wiener Zentralfriedhof in ein Ehrengrab umgebettet wurden.

1840
Anton Schindlers verfasste Erstbiografie über Beethoven, Münster 1840/ In der Aschendorff'schen Buchhandlung (Privatbesitz Manuela Miebach) wird veröffentlicht.

1863
13.Oktober. Erste Exhumierung des Leichnams Beethovens. Untersuchung der Knochen. Abguss des Schädels.

1888
Zweite Exhumierung. Feierliche Umbettung der Gebeine Beethovens am 21.Juni in ein Ehrengrab auf dem Wiener Zentralfriedhof.

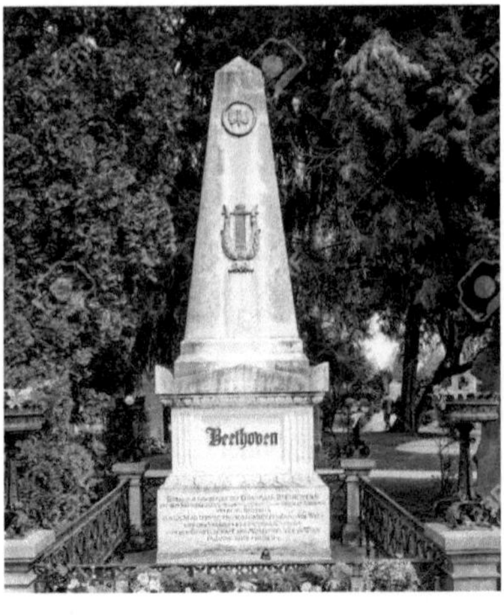

Die Autorin

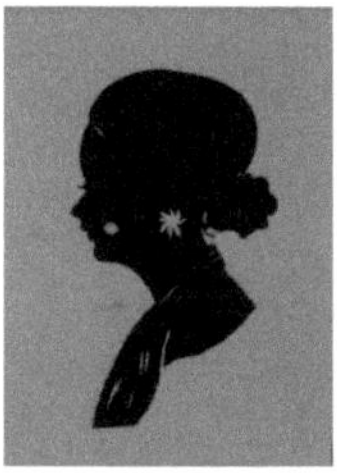

Manuela Miebach, geboren 1950 in Düsseldorf, studierte Klavier und Gesang an der Universität der Künste in Berlin. Sie übersiedelte 1976 nach mehreren Theater - und Fernsehauftritten in Deutschland nach Wien, und besuchte das Konservatorium der Stadt Wien um ihre gesangliche Ausbildung fortzusetzen. Als Sängerin gastierte sie im In- und Ausland unter anderem auch in Japan. 1983 wechselte sie zum Journalismus über, schrieb zunächst über Malerei, später über Musiktheater. Neben Veröffentlichungen von Lyrik, Prosa, Essays und Theaterstücken, schrieb die Autorin außerdem Dissertationen, Künstlerporträts - und Rezensionen für verschiedenste deutsche, österreichische Theater- und Kunstzeitschriften. In Zusammenarbeit mit dem Komponisten Herbert Seiter vertonte die Autorin einige Liedtexte, und schrieb selbst eigene Kompositionen die über den Rubato Verlag Wien veröffentlicht wurden. Seit über zehn Jahren schreibt Manuela Miebach Rezension für den neuen Merker und für verschiedene deutsche Fachmagazine. Ihre unermüdliche Forschungsarbeit zum Thema Beethoven waren die Ergebnisse und die Idee zu einer neu überarbeiteten Beethoven - Biographie die bereits 2015 veröffentlicht wurde. Während ihres seit 2017 zeitweiligen Aufenthalts, in der Geburtsstadt Neefes in Chemnitz, begann die Autorin mit weiteren musikwissenschaftlichen Forschungsarbeiten über den sächsischen Komponisten und Beethovens Lehrer Christian Gottlob Neefe. Hier aufgrund mühevoller Recherchen und Aushebungen aus den Archiven viele neue Aspekte zu Leben und Werk des Komponisten dazugekommen sind. Wo primär sich die Autorin auch mit dem Krankheitsbild Neefes auseinandergesetzt hat. Somit ein sehr spannendes und informatives Gesamtbild über die Persönlichkeit und über das gesamte Schaffen des bereits zu Lebzeiten bekannten Komponisten entstanden ist.

Christian Gottlob Neefe - ein Auserwählter zwischen Ruhm und Verzweiflung - der doch am Ende in Armut verstarb. Wo die Autorin hinterfragt - warum ist Neefe in der gesamten Musikgeschichte immer im Schatten seines so berühmten Schülers Ludwig van Beethovens gestanden?

Christian Gottlob Neefe - sächsischer Komponist

Ein Auserwählter zwischen Ruhm und Verzweiflung!

Christian Gottlob Neefe, geboren am 5.Februar 1748 in Chemnitz, der Sohn eines armen Schneiders, zählte bereits zu Lebzeiten zu den bekanntesten Musikern und Komponisten seines Landes. Er begann zunächst 1760 als Chorknabe, wo er unter der musikalischen Ausbildung durch den Organisten Johann Friedrich Wilhelmi, mit der Musik in Berührung kam und seine ersten Klavierstücke komponierte. Nach einem abgeschlossenen Jurastudium in Leipzig widmete sich Neefe ausschließlich der Musik, wo er unter dem Einfluß von Johann Adam Hiller(1728 - 1804) sich letztendlich für das Theater entschied. Hier seine Singspiele musikalisch bearbeitete, und 1771 für Hillers „Der Dorfbarbier" 10 Arien komponierte. Neefes erste komische Oper „Die Apotheker" wurde 1771 in Berlin uraufgeführt. 1776 übernahm er an Stelle von Hiller die musikalische Leitung bei der „Seylerschen Theatergesellschaft", wo er unter anderem auch seine zukünftige Frau, die Schauspielerin und Sängerin Susanne Maria Zink kennenlernte. Hier weitere Engagements an der Großmannschen Bühne in Bonn folgten, wo Neefe neben seinen vielen musikalischen Verpflichtungen, hier ebenso als Hoforganist angestellt, außerdem noch unterrichtete und der Lehrer von dem jungen Beethoven wurde. Neben den vielen Singspielen die aus Neefes Feder stammen, komponierte er außerdem zahlreiche Vokalmusik für mehrere Singstimmen, Instrumentalmusik für Violine und Klavier, und das Klavierkonzert in G-Dur. Nach der Besetzung Bonns verließ Neefe mit seiner Familie für immer das Rheinland, und trat die Stelle, durch Vermittlung seiner Tochter Louise, als Theaterkapellmeister in Dessau an.

Obwohl seines beruflichen Erfolges, hier Christian Gottlob Neefe ebenso vieler Gemeinheiten und Intrigen seitens der Kollegen ausgeliefert war, so litt er außerdem zeit seines Lebens unter schwerster Hypochondrie und Depressionen. In der Beziehung zu Demoiselle Charlotte Kunigunde Wendt, der Tochter des Bürgermeister von Chemnitz, befand er sich in einer ausgesprochenen „Werther Stimmung" wo er in seiner Schwermütigkeit, und auch aufgrund seiner vielen Erkrankungen bereits in jungen Jahren, sich oft mit Selbstmordgedanken quälte.

Christian Gottlob Neefes letzten Jahre in Dessau waren bereits von Krankheit gezeichnet, wo nach vielen Schicksalsschlägen beruflich als auch privat, so wie durch den französischen Krieg bedingt, all seine physischen Kräfte schwanden, und wo er in Armut am 29.Januar 1798 an einer Lungeninfektion verstarb. Nach seinem Tod wurden ihm noch viele Ehrungen zuteil und doch schien er der Nachwelt immer mehr in Vergessenheit geraten zu sein, wo am Ende er nur noch überliefert, als Beethovens Lehrer im Schatten seines so berühmten Schülers gestanden ist.

Quellennachweise

Stadtarchiv Stadt Chemnitz, Dr. Stephan Pfalzer
Stadtbibliothek Chemnitz
Landeskirchenarchiv Eisenach, Ute Kaufmann
Evangelische Landeskirche Anhalts, Johannes Killyen
Beethovenhaus Bonn, Friederike Grigat
Diözesearchiv Wien, Mag. Ulrike Erben
SLUB - Dresden, Dr. Ines Pampel
Bayerische Staatsbibliothek München
Großes Sängerlexikon/k. J. Kutsch, Leo Riemer
Engelhardt, W.: Die Kieler Handschrift der Autobiographie Ch. G. Neefe und die „Lebensläufe deutscher Musiker“ von Alfred Einstein
Forschungsbibliothek Gotha der Universität Erfurt, Anke Seifert
Österreichische Nationalbibliothek Wien
Meyers Konversationslexikon, S. 0918
Lexikon der Tonkünstler, Band III, Hofbibliothek Wien (S.295, 296)
Allgemeine musikalische Zeitung, Leipzig (1798-1848),S.241, 257,273 u. 360
Max Friedlaender, Das deutsche Lied im 18.Jahrhundert, Band I und II
Allgemeine musikalische Zeitung, Breitkopf &Härtel (1798)
Karoline Großmann, eine biografische Skizze, Autor Neefe Christian Gottlob, Göttingen 1784
Friedrich Gottlieb Klopstock, Oden, Band I, Leipzig 1798
Neues historisch biographisches Lexikon der Tonkünstler, von Ernst Ludwig Gerber, Band III. Leipzig, bey K. Kühnel 1813
Ein Blick hinter die Kulissen, deutschsprachige Dramatikerinnen 18./19.Jahrhundert, Susanne Kord, Metzler 1992
Alexander Wheelock Thayer, Band 1
Irmgard Leux, Neefe Biografie, 1921
Neefe Biografie, Prof. Werner Kaden, 1998
Beethoven Biografie, Paul Becker, Schuster und Loeffler Berlin, 1911
Beethoven Roman, Felix Huch, 1958
Biografie „Beethoven - Gott, welch’ Dunkel hier“, Manuela Miebach 2015